INSTRUCTION CIVIQUE

MANUEL ÉLÉMENTAIRE

A L'USAGE DES ASPIRANTS ET DES ASPIRANTES
AU BREVET ÉLÉMENTAIRE DE CAPACITÉ

PAR

A. PAGÈS
Membre de la Commission d'Examens,
Secrétaire-rédacteur de la Chambre des Députés.

PARIS
ANCIENNE MAISON QUANTIN
LIBRAIRIES-IMPRIMERIES RÉUNIES
MAY & MOTTEROZ, DIRECTEURS
7, rue Saint-Benoît

1891

INSTRUCTION CIVIQUE

BIBLIOTHÈQUE PARLEMENTAIRE

DIRIGÉE

Par M. EUGÈNE PIERRE

Secrétaire Général de la Présidence de la Chambre des Députés.

PRINCIPAUX OUVRAGES PARUS

TRAITÉ PRATIQUE DE DROIT PARLEMENTAIRE, par JULES POUDRA et EUGÈNE PIERRE. 1 vol., 4e édition . . . . **12 fr.**

SUPPLÉMENT AU TRAITÉ PRATIQUE DE DROIT PARLEMENTAIRE, par JULES POUDRA et EUGÈNE PIERRE (1879-1880). 1 vol. . . . **10 fr.**

ORGANISATION DES POUVOIRS PUBLICS. Recueil des lois constitutionnelles et électorales de la République française, coordonnées et commentées par EUGÈNE PIERRE. 1 vol. . . . . **4 fr.**

LOIS CONSTITUTIONNELLES DE LA RÉPUBLIQUE FRANÇAISE, annotées et mises au courant de la réforme de 1884, par POUDRA et PIERRE. 1 vol. . . . . **1 fr. 50**

LOIS ORGANIQUES CONCERNANT L'ÉLECTION DU SÉNAT, mises au courant de la législation de 1881 et annotées par POUDRA et PIERRE. 1 vol. . . . . **1 fr. 50**

MANUEL POPULAIRE DU CONSEILLER MUNICIPAL, texte et commentaire pratique de la loi du 5 avril 1884, par FERDINAND DREYFUS, député, l'un des rapporteurs de la loi. 1 vol. . . . . **1 fr. 25**

HISTOIRE DES ASSEMBLÉES POLITIQUES EN FRANCE, par EUGÈNE PIERRE, 1er vol. (1789-1831) . . . . **7 fr. 50**

MÉCANISME DU BUDGET DE L'ÉTAT, par GASTON BERGERET, Secrétaire-rédacteur de la Chambre des Députés . . . . **3 fr.**

LES RESSOURCES FISCALES DE LA FRANCE, par GASTON BERGERET, Secrétaire-rédacteur de la Chambre des Députés. . . . . **4 fr.**

L'IMPOT DES PATENTES, loi du 15 juillet 1880, publiée avec une introduction et des notes, par GASTON BERGERET, Secrétaire-rédacteur de la Chambre des Députés . . . . **3 fr.**

LE SERVICE D'ÉTAT-MAJOR, texte et commentaire de la loi du 20 mars 1881 . . . . **1 fr.**

L'INDEMNITÉ LÉGISLATIVE, par E. LAURENT . . . . **1 fr.**

DE LA PROCÉDURE PARLEMENTAIRE. — Étude sur le mécanisme intérieur du pouvoir législatif, par EUGÈNE PIERRE, Secrétaire Général de la présidence de la Chambre des Députés. 1 vol. in-18. . **1 fr. 50**

DU POUVOIR LÉGISLATIF EN CAS DE GUERRE, par EUGÈNE PIERRE. . . . . **0 fr. 50**

DE L'ORGANISATION INTÉRIEURE EN CAS DE GUERRE, par EUGÈNE PIERRE. . . . . **0 fr. 50**

OUVRAGES EN PRÉPARATION

HISTOIRE DE LA CONSTITUTION ANGLAISE, *son mécanisme et son fonctionnement*, par lord BROUGHAM. Traduction de M. BOUCHER et préface de M. MAUREL-DUPEYRÉ.

ORGANISATION ÉLECTORALE ET REPRÉSENTATIVE DE TOUS LES PAYS CIVILISÉS, par J. CHARBONNIER.

BIBLIOTHÈQUE PARLEMENTAIRE

INSTRUCTION CIVIQUE

MANUEL ÉLÉMENTAIRE

A L'USAGE DES ASPIRANTS ET DES ASPIRANTES
AU BREVET ÉLÉMENTAIRE DE CAPACITÉ

PAR

A. PAGÈS

Membre de la Commission d'Examens,
Secrétaire-rédacteur de la Chambre des Députés.

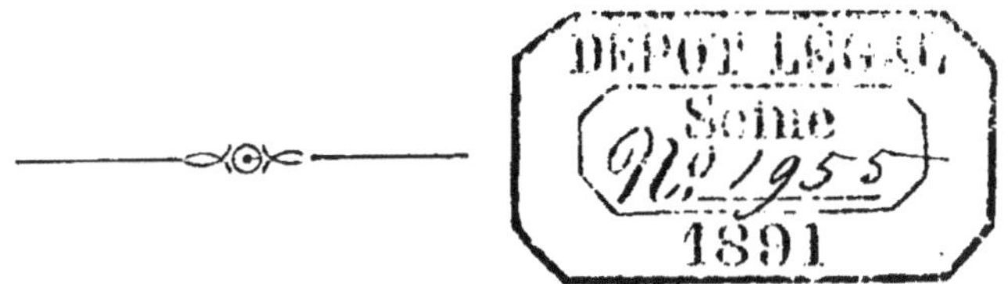

PARIS
ANCIENNE MAISON QUANTIN
LIBRAIRIES-IMPRIMERIES RÉUNIES
MAY & MOTTEROZ, DIRECTEURS
7, rue Saint-Benoît

1891

LIVRE PREMIER

ORGANISATION POLITIQUE

CHAPITRE PREMIER

La forme du gouvernement.

Le *gouvernement* de la France est la *république.*

La France est en république : *de fait,* depuis la révolution du 4 Septembre 1870 ; *de droit,* depuis les *lois constitutionnelles* de 1875.

La république est le gouvernement exercé par des chefs élus pour un temps et responsables.

Quand une partie seulement des citoyens concourt à l'élection de ces chefs, soit directement, soit par mandataires, la république est *oligarchique* ou *aristocratique.* Sparte, Rome, Venise, ont été des républiques aristocratiques.

Quand tous les citoyens y concourent, elle est *démocratique.* Athènes a été une république démocratique.

La *République française,* où tous les citoyens sont électeurs, est essentiellement *démocratique.*

Quand une République se compose de plusieurs États ayant chacun son gouvernement propre et reliés seulement entre eux par un pacte dont le gouvernement commun, ou gouvernement *fédéral*, a pour fonction principale d'assurer l'exécution, elle est *fédérative*. La Hollande a été autrefois, sous le nom de Provinces-Unies, une république fédérative. Les États-Unis de l'Amérique du Nord sont une république fédérative.

Quand toute la République ne forme qu'un seul État, n'a qu'un seul et même gouvernement, elle est *unitaire*. La Bolivie, le Paraguay, l'Uruguay, dans l'Amérique du Sud, sont des républiques unitaires.

Jusqu'à présent, chaque fois que la France s'est déclarée en république, elle a affirmé son intention d'être en république unitaire. « *La république française*, disent toutes nos constitutions républicaines, *est une et indivisible.* » Celle de 1848, qui a établi le suffrage universel, n'a changé la formule que pour y introduire le mot *démocratique*. Quant aux constituants de 1875, ils n'ont donné aucune définition de la république; mais la constitution issue de leurs délibérations et qui nous régit actuellement ne peut s'appliquer qu'à une république démocratique et unitaire, et les mots *liberté, égalité, fraternité* figurent aujourd'hui, comme en 1848, dans tous les actes et sur tous les monuments publics.

CHAPITRE II

Le pouvoir législatif.

Le *pouvoir législatif,* ou pouvoir de faire les lois, s'exerce par deux assemblées : la *Chambre des députés* et le *Sénat.*

Dispositions communes aux deux Chambres.

L'initiative des lois appartient indistinctement à l'une ou à l'autre assemblée, sauf pour la loi annuelle de finances, ou budget, qui doit être en premier lieu présentée à la Chambre des députés et votée par elle; mais toute loi n'existe et ne peut, par conséquent, être promulguée, que lorsqu'un texte identique a été adopté successivement par l'une et l'autre assemblée.

Les deux Chambres se réunissent chaque année le second mardi de janvier, à moins d'une convocation antérieure faite par le Président de la République. C'est la *session ordinaire.*

La session ordinaire dure cinq mois au moins et finit en même temps pour chacune des deux assemblées. La clôture en est prononcée par le Président de la République.

Le Président de la République a le droit de convoquer les Chambres en *session extraordinaire*, ce qu'il fait d'habitude tous les ans, au mois d'octobre ou de novembre : il a le devoir de le faire à toute époque, dans l'intervalle de deux sessions, si la demande lui en est adressée par la majorité absolue des membres composant chaque assemblée. Il peut, par contre, les *ajourner;* mais l'ajournement ne saurait excéder le terme d'un mois, ni avoir lieu plus de deux fois dans la même session.

Toute réunion de l'une des deux Chambres qui serait tenue hors du temps de la session commune est illicite et nulle.

La Constitution a cependant prévu les cas où le Président de la République viendrait à mourir ou donnerait sa démission dans l'intervalle d'une dissolution de la Chambre des députés : le Sénat siégerait alors de droit, mais avec un simple pouvoir d'*intérim*.

Le Sénat peut aussi siéger isolément, lorsqu'il est, comme on le verra plus loin, constitué en haute Cour de justice.

Les séances des deux assemblées sont publiques. Néanmoins chacune d'elles peut se former en comité secret, sur la demande d'un certain nombre de ses membres, fixé par le règlement.

Chacune d'elles est juge de l'éligibilité de ses membres et de la régularité de leur élection; elle peut recevoir leur démission.

Les membres des familles qui ont régné sur la France sont inéligibles à l'une comme à l'autre Chambre.

Aucun membre de l'une ou de l'autre Chambre ne peut être poursuivi ou recherché à l'occasion des opinions ou votes émis par lui dans l'exercice de ses fonctions.

Aucun ne peut, pendant la durée de la session, être poursuivi ou arrêté en matière criminelle ou correctionnelle qu'avec l'autorisation de la majorité de ses collègues, sauf dans le cas de flagrant délit.

La détention ou la poursuite d'un membre est suspendue pendant la session et pour toute sa durée, si la majorité de ses collègues le requiert.

Ces trois dernières dispositions constituent ce qu'on appelle l'*inviolabilité parlementaire*, le mot *parlementaire* s'appliquant à tout régime politique où le pouvoir législatif est exercé par une ou plusieurs chambres, et le mot *parlement* étant employé pour désigner l'ensemble de ces chambres, lorsqu'il y en a plusieurs.

Le siège des deux Chambres est à Paris.

L'*indemnité parlementaire* est, pour les membres du Sénat comme pour ceux de la Chambre des députés, fixée à 9,000 francs par an.

Le parlement s'est réuni pour la première fois, en vertu de la Constitution de 1875, le 8 mars 1876. C'était la première législature, le mot *législature* désignant la période qui s'écoule d'un renouvellement à l'autre de la Chambre des députés, et nous sommes sous la cinquième, qui prendra fin le 14 octobre 1893.

Sénat.

Le *Sénat* se compose de 300 membres élus pour neuf années par les départements et les colonies, et il se renouvelle par tiers tous les trois ans, conformément à un ordre de séries de départements et de colonies établi en 1876.

Il se composait à l'origine de 225 membres élus par les départements et les colonies, et de 75 membres inamovibles nommés par l'Assemblée nationale et remplacés, au fur et à mesure de leur décès, par le Sénat lui-même. La loi constitutionnelle des 13-14 août 1884, qui a revisé en partie les précédentes, a supprimé pour l'avenir les inamovibles, dont le nombre s'est réduit, depuis lors, par voie de décès, de près d'un tiers.

Le département de la Seine élit 10 sénateurs; le Nord en élit 8, et chacun des autres départements 5, 4, ou 2, selon un tableau dressé en 1884 d'après le chiffre de leur population. Le territoire de Belfort, les trois départements de l'Algérie, les quatre colonies de la Guadeloupe, de la Martinique, de la Réunion et des Indes françaises élisent chacun 1 sénateur.

Nul ne peut être élu sénateur s'il n'est Français, âgé de quarante ans au moins, et s'il ne jouit de ses droits civils et politiques.

Ne peuvent être élus sénateurs, parmi les militaires ou marins, que les maréchaux de France, les amiraux, certains officiers généraux non pourvus de commandement et faisant partie, dans certaines conditions, du cadre de l'état-major général, et les militaires des armées de terre et de mer qui appartiennent, soit à la réserve de l'armée active, soit à l'armée territoriale.

Ne peuvent être élus sénateurs par le département ou la colonie compris en tout ou partie dans leur ressort, pendant l'exercice de leurs fonctions et pendant les six mois qui suivent la cessation de ces fonctions, certains hauts fonctionnaires.

Et il y a incompatibilité entre le mandat de sénateur et certaines autres hautes fonctions, que l'élu doit, par conséquent, résigner, s'il accepte le mandat.

Les sénateurs sont élus au scrutin de liste, s'il y a lieu, c'est-à-dire tous ceux du même département ou de la même colonie ensemble, sur un même bulletin de vote, par un collège réuni au chef-lieu du département ou de la colonie, et composé :

De tous les députés, conseillers généraux et conseillers d'arrondissement du département ou de la colonie, ainsi que de délégués élus dans chaque commune, parmi les électeurs de cette commune, par le Conseil municipal, au nombre de un à vingt-quatre, selon le nombre des membres du Conseil municipal lui-même, celui de Paris élisant, par exception, trente délégués, et des dispositions particulières remédiant, dans les colonies, au manque de conseils municipaux, d'arrondissement ou généraux.

C'est le *suffrage universel,* mais *à deux degrés*, ou *indirect.*

Le candidat doit réunir pour être élu : à l'un des deux premiers tours de scrutin la majorité absolue des suffrages exprimés (c'est-à-dire la moitié plus un), et un nombre de voix égal au quart des électeurs sénatoriaux ; au troisième tour, la majorité relative suffit, et, en cas d'égalité, le plus âgé des candidats est élu.

Le vote est secret.

Le sénateur élu dans plusieurs départements doit opter dans les dix jours qui suivent la validation des opérations électorales, et il est pourvu à la vacance dans le délai d'un mois.

Si, par décès ou démission, le nombre des sénateurs d'un département se trouve réduit de moitié, il est pourvu aux vacances dans le délai de trois mois, à moins qu'elles ne surviennent dans les douze mois qui précèdent le renouvellement triennal.

A l'époque fixée pour ce renouvellement, il est pourvu

à toutes les vacances, quels qu'en soient le nombre et la date.

Le Sénat ne se distingue pas seulement de la Chambre des députés par l'âge minimum de ses membres, par son mode de recrutement et de renouvellement et par ce fait capital qu'aucun pouvoir ne peut jamais le dissoudre; deux attributions spéciales lui ont été, en outre, dévolues.

Il peut autoriser le Président de la République, sur la demande de celui-ci, à dissoudre la Chambre des députés avant l'expiration légale de son mandat. Le fait s'est produit, en 1877, sous la présidence du maréchal de Mac-Mahon.

Il peut être constitué en haute Cour de justice pour juger, sur la demande de la Chambre des députés, soit le Président de la République, soit un ou plusieurs ministres, ou pour connaître, sur un décret du Président de la République rendu en conseil des ministres, des attentats contre la sûreté de l'Etat. Les deux premiers cas ne se sont pas encore présentés; le troisième fait s'est produit en 1889, lors du procès intenté à MM. Boulanger, Rochefort et Dillon.

Le siège du Sénat est à Paris, au palais du Luxembourg.

Les premières élections sénatoriales faites en vertu de la Constitution de 1875 datent du 30 janvier 1876; depuis lors, le Sénat s'est renouvelé par tiers cinq fois.

Chambre des députés.

La *Chambre des députés* est nommée pour quatre années, par le suffrage universel direct, c'est-à-dire par tous les Français âgés de vingt et un ans accomplis et jouissant de leurs droits civils et politiques.

Elle se renouvelle intégralement.

Chaque arrondissement administratif dans les départements, et chaque arrondissement municipal à Paris et à Lyon nomme au moins un député. Les arrondissements dont la population dépasse 100,000 habitants nomment un député par 100,000 ou fraction de 100,000 habitants en plus. Les arrondissements sont, dans ce cas, divisés en circonscriptions, suivant un tableau annexé à la loi électorale du 13 février 1889.

Il est attribué en outre, sur ce tableau, 1 député au territoire de Belfort, 2 à chacun des trois départements de l'Algérie, 2 à chacune des trois colonies de la Guadeloupe, de la Martinique et de la Réunion, et 1 à chacune des quatre colonies des Indes françaises, de la Guyane, du Sénégal et de la Cochinchine française;

Ce qui porte le nombre total des députés à cinq cent soixante-seize.

Le candidat doit réunir pour être élu : au premier tour de scrutin, la majorité absolue des suffrages exprimés et un nombre de voix égal au quart des électeurs inscrits dans l'arrondissement; au deuxième tour, la majorité relative suffit, et, en cas d'égalité, le plus âgé des candidats est élu.

Les militaires et assimilés de tous grades et de toutes armes des armées de terre et de mer ne prennent part à aucun vote quand ils sont présents à leurs corps, à leur poste ou dans l'exercice de leurs fonctions. Ceux qui, au moment de l'élection, se trouvent en résidence libre, en non-activité ou en possession d'un congé régulier, peuvent voter dans la commune sur les listes de laquelle ils sont régulièrement inscrits. Cette dernière disposition s'applique également aux officiers et assimilés qui sont en disponibilité ou dans le cadre de réserve.

Le vote est secret.

Nul ne peut être candidat dans plus d'une circonscription.

Nul ne peut être élu député s'il n'est Français, âgé de vingt-cinq ans au moins, et s'il ne jouit de ses droits civils et politiques.

Ne peuvent être élus députés parmi les militaires ou marins, quels que soient leurs grades ou fonctions, que ceux qui ne font pas partie des armées actives de terre ou de mer, quand bien même ils seraient (sauf quelques exceptions) en disponibilité ou en non-activité.

Ne peuvent être élus députés par le département ou la colonie compris en tout ou partie dans leur ressort, pendant l'exercice de leurs fonctions et pendant les six mois qui suivent la cessation de ces fonctions, certains hauts fonctionnaires.

L'exercice des fonctions publiques rétribuées sur les fonds de l'Etat est, sauf quelques exceptions, incompatible avec le mandat de député.

La Chambre des députés n'a d'autre attribution spéciale dans le parlement que celle de discuter et de voter en premier lieu, avant le Sénat, les lois de finances.

En cas de vacance par décès, démissions ou autrement, l'élection doit être faite dans le délai de trois mois.

Sauf le cas de dissolution prévu et réglé par la Constitution, les élections générales ont lieu dans les soixante jours qui précèdent l'expiration des pouvoirs de la Chambre des députés.

Le siège de la Chambre des députés est à Paris, au Palais-Bourbon.

Les premières élections générales faites en vertu de la Constitution de 1875 datent du 20 février 1876 et, depuis lors, la Chambre des députés s'est renouvelée intégralement quatre fois.

Assemblée nationale ou Congrès.

Quand le Sénat et la Chambre des députés se réunissent en une seule assemblée, cette assemblée prend le nom d'*Assemblee nationale* ou de *Congrès*.

Le Bureau se compose des président, vice-présidents et secrétaires du Sénat.

La réunion a lieu au palais de Versailles.

L'Assemblée nationale ne peut se réunir que pour deux objets : élire le Président de la République ou reviser la Constitution. On verra plus loin dans quelles conditions se fait l'élection du Président de la République par l'Assemblée nationale; voici celles qui lui sont imposées pour la *revision :*

« Les Chambres, dit la loi constitutionnelle du 25 février 1875, auront le droit, par délibérations séparées, prises dans chacune à la majorité absolue des voix, soit spontanément, soit sur la demande du Président de la République, de déclarer qu'il y a lieu de reviser les lois constitutionnelles.

« Après que chacune des deux Chambres aura pris cette résolution, elles se réuniront en Assemblée nationale pour procéder à la revision.

« Les délibérations portant revision des lois constitutionnelles, en tout ou en partie, devront être prises à la majorité absolue des membres composant l'Assemblée nationale. »

Et la loi constitutionnelle des 13-14 août 1884, faite en application des articles précédents, ajoute :

« La forme républicaine du gouvernement ne peut faire l'objet d'une proposition de revision. »

La Constitution a été revisée ainsi deux fois, en 1879 et en 1884.

La revision n'a porté chaque fois que sur des points déterminés d'avance par un accord entre les deux Chambres.

Assemblée éventuelle.

L'Assemblée nationale de 1871 a prévu le cas où soit elle-même, soit les assemblées qui lui succéderaient viendraient à être illégalement dissoutes ou empêchées de se réunir : elle a voté, sur la proposition d'un de ses membres, M. Tréveneuc, une loi qui, n'ayant pas été abrogée depuis, deviendrait applicable dans ces graves circonstances.

Les Conseils généraux, dit la loi Tréveneuc, s'assemblent alors immédiatement, de plein droit, et sans qu'il soit besoin de convocation spéciale, au chef-lieu de chaque département ou partout ailleurs dans le département, si le lieu habituel de leurs séances ne leur paraît pas offrir des garanties suffisantes pour la liberté de leurs délibérations.

Leur premier soin est de pourvoir, dans le département, au maintien de la tranquillité publique et de l'ordre légal.

Ils élisent chacun deux délégués.

Tous les délégués ainsi élus se réunissent dans le lieu où se sont rendus les membres du gouvernement et les députés qui ont pu se soustraire à la violence.

Dès que l'*Assemblée des délégués* est valablement constituée par la représentation de la moitié au moins des départements, elle prend, tout en pourvoyant provisoirement à l'administration du pays, les mesures urgentes que nécessite le maintien de l'ordre, et spécialement celles qui ont pour objet de rendre au parlement la plénitude de son indépendance, ou de faire un appel au pays pour les élections générales, si la reconstitution du parlement ne peut se réaliser dans les trente jours.

Les décisions de l'Assemblée des délégués doivent être exécutées, *à peine de forfaiture,* par tous les fonctionnaires, agents de l'autorité et commandants de la force publique.

CHAPITRE III

Le pouvoir exécutif.

Le *pouvoir exécutif,* ou pouvoir de faire exécuter les lois, s'exerce par le *Président de la République,* avec le concours des *ministres* qu'il a choisis et qu'il préside.

Président de la République.

Le *Président de la République* est élu pour sept années, à la majorité absolue des suffrages, par le Sénat et par la Chambre des députés, réunis en Assemblée nationale. Il est rééligible.

Sa fonction principale consiste à *promulguer* les lois lorsqu'elles ont été votées par les deux Chambres, à en surveiller, à en assurer l'exécution.

La promulgation des lois, qui doit avoir lieu au plus tard un mois après leur transmission au gouvernement, résulte de leur insertion au *Journal officiel,* et elles deviennent obligatoires : à Paris, un jour franc après cette insertion, partout ailleurs un jour franc après que le *Journal officiel* qui les contient est parvenu au chef-lieu de l'arrondissement, les préfets et sous-préfets devant prendre toutes les mesures nécessaires pour que les actes législatifs soient imprimés et publiés partout où besoin est.

La promulgation des *décrets,* c'est-à-dire des actes du pouvoir exécutif destinés à faciliter l'application des lois, se fait de la même façon, le *Bulletin des lois* remplaçant quelquefois pour eux le *Journal officiel*. Les décrets ne sont autre chose que ce qu'on appelait autrefois des *ordonnances*.

Le Président de la République dispose de la force armée.

Il nomme à tous les emplois civils et militaires.

Il préside aux solennités nationales.

C'est près de lui que sont accrédités les ambassadeurs des puissances étrangères.

C'est lui qui négocie et ratifie les traités, sauf à les soumettre ensuite aux deux Chambres.

Quant à la guerre, le Président de la République ne peut la déclarer sans l'assentiment préalable du parlement.

En dehors de ces attributions, qui rentrent toutes, à des titres divers, dans le domaine du pouvoir exécutif, le Président de la République a certains droits ou privilèges :

Le *droit de grâce*, de grâce seulement, le pouvoir législatif gardant celui d'amnistie (on sait que l'amnistie dispense de la peine, comme la grâce, mais qu'elle fait disparaître, en plus, les incapacités et autres effets civils attachés à la peine) ;

Le droit de communication avec les Chambres par voie de *messages* (on disait sous l'ancien régime *adresses*), qui sont lus à la tribune de chacune d'elles par un ministre ;

L'*irresponsabilité politique et administrative ;* car bien que tous les actes des ministres portent, avec le contreseing de l'un d'entre eux, la signature du Président de la République, les ministres seuls en sont responsables.

Le Président de la République n'est responsable que dans le cas de haute trahison ; et il ne peut être mis en accusation, de ce chef, que par la Chambre des députés, jugé que par le Sénat.

Enfin le Président de la République exerce une certaine action sur le pouvoir législatif et détient une certaine part de ce pouvoir.

Il a, en effet, l'initiative des lois, concurremment avec les membres des deux Chambres. Les projets de loi qu'il présente ont même sur les propositions de loi présentées par les sénateurs ou les députés certains avantages. Ils sont exemptés de l'examen préalable par une commission d'initiative en ne disparaissent pas à la fin d'une législature pour n'avoir été adoptés que par une seule des deux Chambres.

Dans le délai fixé pour la promulgation d'une loi, il peut, par un message motivé, demander aux deux Chambres une nouvelle délibération, qui ne saurait lui être refusée.

C'est lui qui prononce la clôture de la session, ordinaire ou extraordinaire.

C'est lui qui convoque les Chambres pour la session extraordinaire.

Il peut les ajourner en pleine session; mais deux fois au plus dans la même session et pendant au plus un mois chaque fois.

Il peut enfin, sur l'avis conforme du Sénat, dissoudre la Chambre des députés avant l'expiration de son mandat, à la seule condition de convoquer les collèges électoraux dans le délai de trois mois. Le cas s'est présenté en 1877, sous la présidence du maréchal de Mac-Mahon et après un premier ajournement.

Aucune condition d'âge n'est imposée pour la validité

de l'élection du Président de la République, et sont seuls déclarés inéligibles à cette fonction les membres des familles ayant régné sur la France.

Un mois avant le terme légal des pouvoirs du Président de la République, les deux Chambres doivent être réunies en Assemblée nationale pour procéder à l'élection du nouveau Président. A défaut de convocation, cette réunion aurait lieu de plein droit le quinzième jour avant l'expiration des pouvoirs présidentiels.

En cas de vacance par décès, démission ou pour toute autre cause, la réunion a lieu immédiatement et de plein droit, et, dans l'intervalle, le conseil des ministres est investi du pouvoir exécutif.

Le Président de la République a pour résidence habituelle, à Paris, le palais de l'Élysée.

Son traitement est aujourd'hui de 600,000 francs, avec 300,000 francs d'indemnité pour frais de maison et 300,000 francs pour frais de voyages.

Le premier Président de la République a été M. *Thiers,* du 17 février 1871 au 24 mai 1873; le second, M. le maréchal *de Mac-Mahon,* du 24 mai 1873 au 30 janvier 1879; le troisième, M. *Jules Grévy*, du 30 janvier 1879 au 25 décembre 1885, et, réélu, du 25 décembre 1885 au 3 décembre 1887; le quatrième, M. *Carnot,* qui occupe ces hautes fonctions depuis le 3 décembre 1887.

Ministres.

Les *ministres* sont nommés et révoqués par le Président de la République; ils peuvent être et sont généralement choisis parmi les membres du Sénat ou de la

Chambre des députés, et leurs fonctions, quoique rétribuées, sont compatibles avec leur mandat; l'un d'eux prend le titre de *Président du Conseil.*

Les ministres sont, solidairement, responsables devant les Chambres de la politique du gouvernement, et, individuellement, de leurs actes personnels. Ils peuvent être mis en accusation par la Chambre des députés pour crimes commis dans l'exercice de leurs fonctions, et, en ce cas, ils sont jugés par le Sénat.

Les ministres ont leur entrée dans les deux Chambres et doivent y être entendus quand ils le demandent.

Lorsqu'un *cabinet* se retire en entier, l'ancien président du Conseil contresigne la nomination de son successeur.

Les ministères sont, à l'heure présente, au nombre de dix :

Affaires étrangères; agriculture; commerce, industrie, colonies, postes et télégraphes; finances; guerre; instruction publique et beaux-arts; intérieur; justice et cultes; marine; travaux publics.

Chaque ministère a son hôtel dans Paris.

Le traitement des ministres est de 60,000 francs.

Sous-secrétaires d'État.

Dans les gouvernements parlementaires, les ministres sont souvent secondés par des *sous-secrétaires d'État.* Il n'y a en ce moment qu'un sous-secrétaire d'État, celui des colonies.

La fonction de sous-secrétaire d'État, quoique rétribuée, est compatible avec le mandat de sénateur ou de député.

LIVRE II

ORGANISATION ADMINISTRATIVE

CHAPITRE PREMIER

Intérieur.

Le *ministre de l'intérieur* dirige l'*administration* et la *police* des départements et des communes au point de vue de l'intérêt général, qui veut que la loi soit partout et toujours exécutée et qu'on n'épuise nulle part, dans l'unique intérêt du département ou de la commune, les ressources contributives nécessaires au fonctionnement des services de la nation.

ADMINISTRATION.

La France est divisée en *départements*, les départements en *arrondissements*, les arrondissements en *cantons*, les cantons en *communes*.

A la tête de chaque département se trouve un *préfet*, de chaque arrondissement un *sous-préfet*, de chaque commune un *maire*, qui représentent l'*intérêt national*.

Le canton n'est plus une division administrative qu'au

point de vue judiciaire; mais cette subdivision de l'arrondissement étant utile dans certains cas, on l'a néanmoins conservée.

Le département.

Le préfet, nommé par le Président de la République sur la proposition du ministre de l'intérieur, administre le département avec le concours du *Conseil général*, dont les membres sont élus au suffrage universel, un par canton, et représentent l'*intérêt départemental.*

Les conseillers généraux sont élus pour six ans parmi les électeurs domiciliés ou inscrits au rôle d'une des quatre contributions directes dans le département et âgés de vingt-cinq ans au moins.

Le Conseil général se renouvelle par moitié tous les trois ans.

Il se réunit deux fois au moins par an, à la préfecture. Sa session principale est celle qui commence de plein droit le 15 août et ne pourrait être retardée que par une loi. Le Conseil y élit, tant pour aider le préfet que pour contrôler ses actes, une *commission départementale* permanente, prise dans son sein, et qui doit se réunir une fois au moins par mois à la préfecture. L'autre session se tient d'ordinaire en avril.

Les séances du Conseil général sont publiques.

Les attributions du Conseil général consistent :

A répartir entre les arrondissements, dans la session d'août, celles des contributions directes qui sont des impôts de répartition et que les Chambres ont déjà, après en avoir voté le chiffre total, réparties entre les départements;

A reviser le tableau des circonscriptions électorales;

A statuer sur les affaires départementales, sauf annulation du préfet, si la décision est contraire à la loi;

A délibérer sur certaines de ces affaires, la décision n'étant alors valable qu'après approbation du préfet;

A donner des avis au gouvernement, quand il lui en demande;

A émettre des vœux sur les objets d'intérêt départemental;

Enfin à voter le budget départemental des recettes et des dépenses.

Le préfet assiste aux séances du Conseil général. Il l'aide de ses lumières, de ses conseils. Il soumet à son examen le budget départemental, qu'il a fait préparer par l'administration. Il lui présente des rapports sur les affaires départementales. Pour toutes ces affaires, son rôle se borne à proposer : c'est le conseil qui délibère; et le préfet, quand il n'a pas annulé ou quand il a approuvé la décision, doit la faire exécuter au nom du conseil, comme il fait, au nom du gouvernement, exécuter les lois. S'il y a un contrat à passer, il le signe, en qualité de représentant du département, sur avis conforme de la commission départementale; s'il y a une dépense à payer, c'est lui qui délivre, en cette même qualité, le mandat payable à la caisse du trésorier-payeur général, où sont centralisés les fonds du département.

Car le département, étant personne civile, a des fonds personnels : le produit de ses *propriétés* et des *dons et legs* qu'il reçoit; des sommes que l'Etat et les communes lui payent pour leur *participation* dans certaines dépenses; des *subventions* de l'Etat; des *emprunts* qu'on lui permet de contracter dans certains cas, sous certaines conditions, etc..., et surtout, car c'est là sa principale ressource, les *centimes additionnels* aux quatre contributions directes qu'il est autorisé à voter à son profit et dont la loi de finances fixe chaque année le maximum.

Le Conseil général peut, dans certains cas, être dissous par voie de décret motivé; mais ce décret doit convoquer en même temps les électeurs pour le quatrième dimanche suivant.

L'ensemble, déjà très complexe, des rapports du préfet avec le Conseil général, dont il est à la fois, comme on vient de le voir, l'auxiliaire, le surveillant et l'agent d'exécution, est loin de nous avoir donné toutes les attributions de ce fonctionnaire.

Le préfet a une autorité propre qui lui est déléguée, soit directement par les lois, soit par le gouvernement dans son ensemble, soit par un ministre en particulier. Il surveille l'exécution des lois, fait des règlements, et les *arrêtés préfectoraux* commandent l'obéissance dans tout le département.

Il prend les mesures urgentes, maintient l'ordre public, requiert au besoin la force armée, a, en un mot, la police dans toutes ses acceptions, salubrité, voirie, travaux publics, régime des eaux, etc.

Il nomme aux emplois salariés et à beaucoup d'autres non salariés.

Il représente l'Etat dans les procès avec les particuliers, intente les actions, élève le conflit lorsque les tribunaux empiètent sur les attributions de l'administration.

Le préfet est enfin le tuteur des communes et approuve, comme tel, s'il y a lieu, le mode de jouissance en nature des biens communaux, le plan d'alignement des villes, les marchés de gré à gré, etc.

Le préfet a près de lui, pour l'aider dans sa tâche, dont il peut lui déléguer une partie, un *Secrétaire général de préfecture*, nommé dans les mêmes conditions que lui et qui remplit les fonctions de sous-préfet dans l'arrondissement chef-lieu ;

Et un *Conseil de préfecture*, de trois à six membres nommés aussi de même, dont la principale attribution est le contentieux administratif, et auquel s'adressent, avec recours devant le Conseil d'Etat, les particuliers qui se croient lésés par l'administration.

L'arrondissement.

L'*arrondissement*, n'ayant pas la personnalité civile, n'a ni biens, ni recettes, ni dépenses, ni budget : il n'est qu'une partie du département.

Le *sous-préfet*, nommé dans les mêmes conditions que le préfet, administre l'arrondissement avec le concours du *Conseil d'arrondissement*, dont les membres sont élus au suffrage universel, un au moins par canton, dans les mêmes conditions que les conseillers généraux, et représentent l'*intérêt de l'arrondissement*.

Les conseillers d'arrondissement sont élus pour six ans.

Le Conseil se renouvelle par moitié tous les trois ans.

Il se réunit au moins une fois chaque année au chef-lieu de l'arrondissement : 1° pour délibérer, dans la première partie de cette session, qui précède celle d'août du Conseil général, sur les réclamations auxquelles donne lieu la fixation du contingent des contributions directes, ainsi que sur les demandes en réduction formées par les communes ; 2° pour répartir entre les communes, dans la seconde partie, lorsque le Conseil général a statué, le contingent assigné à l'arrondissement.

Les séances du Conseil d'arrondissement ne sont pas publiques.

Le sous-préfet, outre qu'il est en toutes choses dans l'arrondissement l'auxiliaire du préfet, a lui-même des attributions spéciales. Il arrête, avec l'assistance des maires, les tableaux de recensement ordonnés par la loi militaire, préside les opérations du tirage au sort, etc... C'est lui, par exemple, qui choisit, pour chaque commune, sur une liste présentée par le Conseil municipal, les cinq répartiteurs des contributions directes.

La commune.

La commune a, comme le département, la personnalité civile, des biens, des recettes, des dépenses, un budget : elle est même, en général, beaucoup plus riche, car la loi lui accorde, comme au département, des *centimes additionnels*, et elle peut, en outre, établir chez elle des octrois et autres droits municipaux.

La commune est administrée par le *maire*, qui représente à la fois l'*intérêt national* et l'*intérêt communal*, et par le *Conseil municipal*, qui représente l'intérêt communal.

Le Conseil municipal est élu directement au scrutin de liste, par le suffrage universel, et comprend, suivant le nombre des habitants de la commune, de 10 à 36 membres, qui doivent être domiciliés ou inscrits au rôle d'une des quatre contributions directes dans la commune, jouir de leurs droits civils et politiques, et être âgés de vingt-cinq ans au moins. Il se renouvelle intégralement.

Le Conseil municipal est réuni en session ordinaire quatre fois par an, en février, mai, août et novembre. Ses séances sont publiques.

Les attributions du Conseil municipal peuvent se résumer ainsi : il règle, par ses délibérations, les affaires de la commune, dont la principale est le budget; il donne des avis; il peut réclamer contre le contingent assigné à la commune dans l'établissement des impôts de répartition; il peut émettre des vœux sur tous les objets d'intérêt local; il dresse, en nombre double, la liste sur laquelle le sous-préfet devra choisir les répartiteurs.

Le Conseil municipal peut, dans certains cas, être suspendu par le préfet, ou même dissous par le Président de la République.

Le *maire* est élu par le Conseil municipal parmi les membres de ce Conseil et pour la durée de son mandat. Il en est de même des *adjoints*. Ces deux fonctions sont gratuites, comme celles de conseiller municipal, de conseiller d'arrondissement ou de conseiller général.

Le maire est chargé de l'administration et de la police, et fait, près du Conseil municipal, tout ce que fait le préfet comme représentant du Conseil général; mais il représente en même temps, comme nous l'avons dit plus haut, l'intérêt national, et, en outre des fonctions spéciales que lui attribuent les lois, notamment en ce qui concerne les actes de l'état civil, naissance, mariage, décès, etc., il est chargé, à ce titre, sous l'autorité de l'administration supérieure, de la publication et de l'exécution des lois et règlements, ainsi que des mesures de sûreté générale.

Les maires peuvent être suspendus de leurs fonctions

par le préfet, pour un mois au plus, ou par le ministre de l'intérieur, pour trois mois au plus, et révoqués par le Président de la République.

La ville de Paris est seule, depuis que Lyon est rentré à peu de chose près dans le droit commun, soumise à un régime d'exception. Elle a bien un Conseil municipal, comme toutes les autres communes de France ; mais elle est divisée en vingt arrondissements municipaux dont les maires et adjoints sont choisis par le préfet de la Seine. De plus, ces maires et adjoints n'exercent guère que les fonctions de l'état civil, le préfet de la Seine et le préfet de police retenant pour eux-mêmes toutes les attributions de quelque importance que ces magistrats ont partout ailleurs.

Ajoutons qu'un projet de loi est en préparation qui réglera l'organisation municipale de Paris, en même temps que l'organisation départementale de la Seine, le département de la Seine étant, comme la ville de Paris, soumis à un régime d'exception.

POLICE.

Le ministre de l'intérieur est chargé de la police en France et en Algérie sous toutes ses formes : il n'a pas seulement, en effet, dans ses attributions, *les services de police et de sûreté* proprement dits, mais le service pénitentiaire, le service sanitaire, et, par voie de surveillance ou de subvention, l'*assistance publique*, les *sociétés de secours mutuels*, les *étrangers indigents*, l'*émigration*.

Sécurité publique.

Le ministre subventionne la *police administrative* ou *municipale* dans un grand nombre de villes, à Paris et à Lyon notamment ; et il dirige, par ses commissaires spéciaux et agents de la sûreté, la *police spéciale* ainsi que la *police des étrangers.*

Il administre les *prisons départementales* ou *de courtes peines* (un an au plus), *maisons d'arrêt, de justice et de correction,* au nombre d'environ 400 ; les *prisons de longues peines,* ou *maisons centrales de force et de correction,* au nombre de 21 ; les *pénitenciers agricoles,* au nombre de 3 ; les *colonies agricoles,* etc.

Assistance publique.

L'assistance publique est à la charge des communes et le ministre n'a sur elle qu'un droit de surveillance ; mais il l'encourage de ses conseils et de ses subventions, avec l'aide du *Conseil supérieur de l'assistance publique.* Il existe d'ailleurs un certain nombre d'établissements *nationaux* de bienfaisance : l'*Hospice des Quinze-Vingts,* à Charenton, affecté aux maladies des yeux ; la *Maison de Charenton,* aux maladies mentales ; les *Asiles de Vincennes* et *du Vésinet,* pour les convalescents et convalescentes de la classe ouvrière ; *du Mont-Genèvre,* dans les Alpes, pour les voyageurs indigents ; les *Institutions des sourds-muets* de Paris et de Chambéry, *des sourdes-muettes* de Bordeaux et *des Jeunes-Aveugles,* à Paris.

Hygiène publique.

Le *Comité consultatif d'hygiène publique*, au ministère de l'intérieur, s'occupe des questions relatives aux épidémies, aux travaux d'hygiène départementaux, aux mesures de salubrité publique, aux falsifications des denrées alimentaires, à l'exercice de la médecine et de la pharmacie, au régime des eaux minérales et à la police sanitaire maritime.

Il a sous ses ordres tout un *personnel sanitaire*, composé d'inspecteurs, de directeurs de santé, de médecins, etc.

Parmi les *établissements thermaux*, 7 appartiennent à l'État : *Aix* en Savoie, *Bourbon-l'Archambault*, *Néris* et *Vichy* dans l'Allier, *Bourbonne-les-Bains* dans la Haute-Marne, *Luxeuil* dans la Haute-Saône, et *Plombières* dans les Vosges. Le premier est administré directement par l'État, les autres sont affermés.

CHAPITRE II

Agriculture.

On distingue, dans les Etats modernes, trois sources de la richesse publique : l'*agriculture*, le commerce et l'industrie.

L'agriculture prime les deux autres par son ancienneté, et, aujourd'hui encore, c'est chez nous la plus abondante des trois, car elle occupe, dans plus de 5 millions et demi d'exploitations rurales, dont près de 5 millions couvrent moins de 10 hectares, plus de la moitié des Français, 19 millions sur 36.

L'agriculture tire du sol les *végétaux* qui servent à nourrir, à vêtir et à loger l'espèce humaine, et elle élève les *animaux* qui lui prêtent leur travail ou contribuent à son alimentation. La production agricole de la France serait très difficile à évaluer, même approximativement ; elle dépasse à coup sûr 10 milliards, dont 3 et demi rien que pour les céréales.

Le ministre de l'agriculture a une double mission : veiller à la conservation et à l'agrandissement de toutes ces richesses ; aider par tous les moyens en son pouvoir et dont le principal est la propagation de l'enseignement technique, ceux dont le travail les entretient, les développe ou les crée.

Agriculture proprement dite.

La *Direction de l'agriculture* surveille l'agriculture en préparant, sous la haute inspiration du *Comité supérieur de l'agriculture*, les lois qui la régissent, et dont la principale est le *Code rural*;

En s'occupant, avec l'aide des *inspecteurs de l'agriculture*, de l'application ou de la modification des règlements : sur les halles et marchés, les abattoirs, la boucherie, la boulangerie, etc.; sur les insectes et cryptogames (champignons, mousses, fougères) nuisibles à la vigne, tels que le phylloxera, le doryphora, le mildew; sur les épizooties ou maladies contagieuses des animaux, etc...

Elle aide l'agriculture en la renseignant par la publication d'un *Bulletin* qui contient les documents officiels, les statistiques, les rapports de nos consuls à l'étranger, etc.;

En lui accordant une subvention annuelle de plus d'un million et demi pour lui permettre de combattre le phylloxera au moyen de la submersion, du traitement au sulfure de carbone ou aux sulfo-carbonates, de la replantation avec des cépages (plants) américains;

Et des subventions aux *concours régionaux* (la France est divisée en 12 régions agricoles), aux *comices agricoles* (il y a un comice agricole dans chaque arrondissement), etc., aux *sociétés d'agriculture*, à la *Société d'acclimatation*, au *drainage*, etc.;

En distribuant enfin la croix du *Mérite agricole* aux agriculteurs les plus méritants et des *médailles* aux meilleurs ouvriers de l'agriculture.

Elle propage l'enseignement agricole en encourageant les recherches scientifiques des savants; en multipliant sur la surface du territoire national les centres d'études agronomiques; en créant des stations et laboratoires; en donnant l'enseignement supérieur à l'*Institut national agronomique*, à Paris, et l'enseignement professionnel dans les trois grandes *Écoles nationales* de *Grignon* (Seine-et-Oise), de *Grand-Jouan* (Loire-Inférieure) et de *Montpellier*, ainsi que dans plus de 25 *écoles pratiques* de toutes sortes, dans les *Écoles vétérinaires d'Alfort* (Seine), de *Lyon* et de *Toulouse*, dans les chaires départementales d'agriculture, dans les cours nomades, dans les champs d'expérience et de démonstration, enfin dans toutes les écoles primaires de France, car l'enseignement agricole y est maintenant obligatoire.

Services spéciaux.

La *Direction des haras* surveille et encourage l'industrie chevaline; elle donne aussi, à l'*École des haras* du *Pin* (Orne), l'enseignement technique; elle a ses *Inspecteurs des haras*, son *Conseil supérieur des haras*.

La *Direction des forêts* s'occupe de l'exploitation et de l'aménagement des forêts de l'État, de la surveillance et de l'administration des forêts départementales, communales ou appartenant à des établissements publics, des défrichements et reboisements, de la restauration et de la conservation des terrains en montagne, de la fixation des dunes au moyen de plantations, etc. Elle a ses écoles spéciales : l'*École nationale forestière de Nancy*, destinée à former des gardes généraux pour les 32 *arrondissements forestiers* ou *conservations* de la France, et l'*École de sylviculture* des Barres (Loiret).

La *Direction de l'hydraulique agricole* s'occupe des cours d'eau non navigables ni flottables, de leur entretien, redressement et curage, du partage de leurs eaux entre l'industrie et l'agriculture, des règlements de pêche sur leur parcours, ainsi que des observations météorologiques, des desséchements des marais, des assainissements des terrains insalubres, des marais salants, du littoral de l'ouest, etc.

CHAPITRE III

Commerce et industrie.

L'industrie est la seconde source de la richesse publique. Elle se distingue de l'agriculture en ce qu'elle emploie plus particulièrement les *substances minérales* et en ce qu'elle leur fait subir une transformation qui change, sinon leur nature, au moins leur apparence, et leur donne des propriétés qu'elles n'avaient pas auparavant.

Selon que ces substances sont des *combustibles,* des *minéraux proprement dits* ou des *métaux,* les industries qui les emploient sont *extractives, chimiques* ou *mécaniques.* Parmi ces dernières, on peut distinguer les industries *textiles,* qui emploient aussi des *substances animales,* mais toujours en se servant de *machines.*

La *production industrielle* de la France est évaluée à une douzaine de milliards.

Le *commerce*, la troisième source de la richesse publique, est uni à l'agriculture et à l'industrie par les liens les plus étroits, car il consiste proprement à aller chercher les produits agricoles et industriels aux lieux de production pour les transporter dans ceux où on les demande. Ce n'est qu'un intermédiaire, mais indispensable.

Il serait difficile d'évaluer, même avec une marge considérable, le *commerce intérieur* de la France ; on peut, au contraire, grâce au contrôle des douanes, constater très approximativement la valeur de son *commerce extérieur :* ce commerce est d'environ 7 milliards 775 millions, dont plus de 4 milliards pour les *importations,* et de 3 milliards 500 millions pour les *exportations.*

Le *ministre du commerce et de l'industrie* a exactement la même mission que son collègue de l'agriculture : veiller à la conservation et à l'agrandissement de toutes ces richesses; aider par tous les moyens en son pouvoir, et dont le principal est la propagation de l'enseignement technique, ceux dont le travail les entretient, les développe ou les crée.

Le ministre du commerce et de l'industrie a un troisième service sous sa direction, celui des *postes, télégraphes* et *teléphones*, auxiliaire naturel des précédents.

Il en a même, depuis peu, un quatrième, les *colonies;* mais, pour plus de clarté, nous étudierons les colonies dans un chapitre spécial, avec l'Algérie et les pays de protectorat.

Commerce et industrie.

Pour le *commerce,* le ministère subventionne, de concert avec le département de l'instruction publique, les écoles spéciales dont la création est due à l'initiative de villes ou de groupes de citoyens. Pour l'*industrie,* il vient en aide, de la même façon et avec le même concours, aux écoles professionnelles, d'apprentissage et primaires-supérieures techniques de même origine, destinées à former d'habiles *ouvriers;* il en forme lui-même à l'école d'apprentissage de *Dellys* (Algérie), et à l'école d'horlogerie de *Cluses* (Haute-Savoie); plus des *contremaîtres* habiles et instruits aux écoles d'*Arts et Métiers* de *Châlons*, d'*Angers*, d'*Aix*, et d'excellents *ingénieurs*, pour toutes les branches de l'industrie et les travaux et services publics dont la direction n'appartient pas de droit aux ingénieurs de l'État, à l'*École centrale des arts et manufactures* de Paris. Il donne enfin un enseignement supérieur technique au *Conservatoire des Arts et Métiers*, de Paris, qui est, en même temps, un musée spécial.

Le ministère renseigne le commerce et l'industrie en mettant à sa disposition des *Bulletins*, des *Annales*, des *Annuaires*, des *Statistiques* de toutes sortes.

Sa surveillance s'exerce sur les établissements dangereux, insalubres ou incommodes; sur le travail des enfants ou des filles mineures employées dans l'industrie; sur la durée du travail journalier dans les usines; sur les *poids et mesures*, les *alcoomètres*, etc., que ses *vérificateurs* contrôlent; sur les Caisses d'épargne, la Caisse nationale des retraites, et autres sociétés dont il a la tutelle.

Il encourage par des subventions les *pêches maritimes*, la *marine marchande*, les chambres de commerce françaises à l'étranger, les musées commerciaux, etc., et il distribue des *médailles* et *prix* aux expositions internationales, nationales, régionales et locales, des *médailles d'honneur* aux ouvriers et employés qui comptent plus de trente années de services consécutifs dans le même établissement.

Il s'occupe enfin des *tarifs* et *lois de douane*, ainsi que des *brevets d'invention*, des *dessins et modèles de fabrique*, des *marques de fabrique et de commerce*, de tout ce qui concerne, en un mot, la propriété commerciale ou industrielle.

Postes et télégraphes.

La *Direction générale des postes et télégraphes*, dont les services sont connus de tous, est à elle seule un véritable ministère, avec ses 53,000 employés, ses 6,900 bureaux de poste, ses 58,000 boîtes aux lettres et ses lignes télégraphiques, qui, si on pouvait les mettre bout à bout, feraient plus de deux fois le tour du globe. Elle transporte chaque année plus d'un milliard d'objets, près de 32 millions de dépêches, et rapporte à l'État plus de 50 millions de francs.

Deux lois récentes lui ont confié l'exploitation des *téléphones* et la gestion de la *Caisse nationale d'épargne*, plus connue sous le nom de *Caisse d'épargne postale*.

CHAPITRE IV

Travaux publics.

Voies de communication et moyens de transport.

Sans *voies de communication* et *moyens de transport*, les produits de l'*agriculture* et de l'*industrie* ne pourraient pas arriver en temps utile aux lieux où ils sont demandés, et le *commerce* se trouverait paralysé.

C'est le *ministère des travaux publics* qui s'occupe, au point de vue de l'intérêt général, des voies de communication et moyens de transport par terre et par eau.

On peut classer les voies de communication en voies de terre, voies d'eau et voies de fer.

Les voies de terre, communément appelées *routes de terre*, se divisent en : *routes nationales*, entretenues aux frais de l'Etat par le corps des ingénieurs des ponts et chaussées; *routes départementales*, entretenues par un corps d'agents voyers aux frais de chaque département; et *chemins vicinaux*, dont les uns, dits *chemins de grande communication*, reçoivent une subvention du département, et les autres, dits *chemins de petite vicinalité*, sont plus ou moins bien entretenus par les communes dont ils traversent le territoire. Seules, les routes nationales dépendent du ministère des travaux publics.

Les voies ou *routes d'eau* comprennent les *fleuves* et

rivières quand ils sont *navigables* ou tout au moins *flottables* et les *canaux*.

On divise les canaux en *canaux latéraux*, ou creusés le long d'une rivière pour suppléer aux défectuosités de son cours, et en *canaux de jonction*, ou creusés pour joindre ensemble deux rivières. Les canaux de jonction se subdivisent eux-mêmes en *canaux de jonction proprement dits* s'ils unissent ensemble des rivières d'un même bassin ou des bassins d'un même versant, et en *canaux de grande communication* s'ils unissent entre eux les deux grands versants de la France, Océan et Méditerranée. La construction des canaux de jonction est beaucoup plus coûteuse que celle des canaux latéraux; car, pour faire passer des bateaux d'un bassin dans un autre au-dessus d'une chaîne de montagnes, il faut déterminer d'abord le *bief de partage*, c'est-à-dire le point le plus bas de toute la chaîne; ensuite établir de distance en distance des *écluses*, qui retiennent l'eau dans les terres supérieures et permettent aux bateaux de franchir pour ainsi dire les escaliers de la première pente et de redescendre en sûreté ceux de la pente opposée; enfin, creuser au bief de partage des *réservoirs* pour alimenter le canal au moyen des eaux tombant dans la montagne et recueillies à dessein.

Les routes d'eau dépendent du ministère des travaux publics, ainsi que les *ports maritimes*.

Les voies de fer ou voies ferrées appartiennent presque entièrement, en attendant qu'elles fassent retour à l'Etat, aux six grandes compagnies de l'Ouest, du Nord, de l'Est, de Paris-Lyon-Méditerranée, d'Orléans et du Midi, et leur réseau aboutit soit aux frontières continentales, où il se joint à ceux des pays voisins, soit aux ports de mer, où il est pour ainsi dire continué par les grandes lignes de paquebots à vapeur pour les transports maritimes. Les voies ferrées dépendent du ministère des travaux publics.

Quant aux *moyens de transport*, c'est, pour les voies de terre, le *roulage*, quand il s'agit de transports à faible distance; la *navigation*, quand il s'agit de transports lointains et en grandes masses; les *chemins de fer*, quand il s'agit de transports intermédiaires, s'effectuant déjà à une distance suffisante pour comporter les frais d'un ou de plusieurs transbordements. Il y a environ 38,000 kilomètres de routes nationales, 12,800 kilomètres de cours d'eau navigables et de canaux, et 36,000 kilomètres de chemins de fer.

Le corps des *ingénieurs des ponts et chaussées* qui a la direction ou la surveillance des voies de communication, moyens de transport et ports maritimes, se recrute à l'*École nationale des Ponts et Chaussées* où l'on n'admet en qualité d'élèves ingénieurs que les jeunes gens annuellement choisis parmi les élèves de l'Ecole polytechnique ayant terminé leurs cours d'études et satisfait aux conditions imposées par le règlement.

Mines.

La loi française appelle *mines* les masses de substances minérales ou fossiles renfermées dans le sein de la terre ou existant à sa surface, en filons, en couches ou en amas, autres que les minéraux de fer dits d'alluvion, les terres pyritheuses propres à être converties en sulfate de fer, les terres alumineuses et les tourbes, qui constituent les *minières*, ou que les ardoises, grès, pierres à bâtir, pierres à chaux, à plâtre, etc... qui constituent les *carrières.*

Les *mines* ne peuvent être exploitées qu'en vertu d'un acte de concession du gouvernement, qui règle les droits des propriétaires de la surface sur le produit de l'exploitation.

La concession est perpétuelle. Toutefois une mine ne peut être vendue par lots ou partagée sans une autorisation du gouvernement, donnée dans les mêmes formes que la concession.

Les propriétaires des mines payent à l'Etat une redevance fixe et une redevance proportionnelle au produit de l'extraction.

L'exploitation des mines est placée sous la surveillance du ministre des travaux publics qui l'exerce avec l'aide des *ingénieurs des mines.*

Le corps des *ingénieurs des mines* se recrute à l'*Ecole nationale supérieure des mines* qui se recrute elle-même, comme celle des ponts et chaussées, à l'Ecole polytechnique.

CHAPITRE V

Instruction publique et Beaux-Arts.

L'instruction est pour la France un patrimoine tout aussi précieux que les champs, les usines, et les magasins ou véhicules qui reçoivent leurs productions; et si l'Etat s'en désintéressait, il est probable que chaque citoyen n'aurait pas, comme il l'a aujourd'hui, le minimum de connaissances nécessaire dans un pays de suffrage universel, que les professions libérales, que le corps des fonctionnaires, auxiliaires indispensables, celui-ci du gouvernement, celles-là de l'agriculture, de l'industrie et du commerce, ne seraient plus même assurés de leur recrutement. Aussi l'Etat intervient-il pour donner l'instruction, à tous les degrés.

INSTRUCTION PUBLIQUE.

La France est divisée, au point de vue de l'instruction publique, en *académies*.

Il y a seize académies : celles de *Paris*, *Clermont* et *Dijon*, au centre; de *Lille*, *Caen*, *Rennes*, *Poitiers*, *Bordeaux*, *Toulouse*, *Montpellier*, *Aix*, *Grenoble*, *Chambéry*, *Lyon*, *Besançon* et *Nancy*, dont les confins touchent à nos frontières.

Chaque académie est administrée par un *recteur*, assisté

d'un *conseil académique*, et ayant sous ses ordres un *inspecteur d'académie* dans chaque département, un *inspecteur de l'instruction primaire* dans chaque arrondissement ou à peu près.

Les seize académies sont elles-mêmes placées sous la direction du *ministre de l'instruction publique*, assisté du *Conseil supérieur de l'instruction publique* et d'*inspecteurs généraux*.

Le ministre est, de droit, recteur de l'académie de Paris, qui est administrée, en fait, par un *vice-recteur*.

Ces divers fonctionnaires surveillent les trois sortes d'enseignement entre lesquelles se partage l'instruction publique : l'enseignement *supérieur*, l'enseignement *secondaire*, l'enseignement *primaire*.

Enseignement supérieur.

L'enseignement supérieur est représenté chez nous par deux sortes d'établissements :

Ceux qui ont été créés dans l'intérêt de la civilisation générale, pour l'avancement de la science, et où des hommes signalés par un savoir supérieur, par des découvertes originales ou par des doctrines nouvelles trouvent les facilités nécessaires à la continuation de leur œuvre et à la propagation de leurs idées : *Observatoire de Paris*, *Bureau des Longitudes*, *Bureau central météréologique*, *Académie de médecine*, *Muséum d'histoire naturelle*, etc.

Ceux où des maîtres éminents participent aussi, par leurs travaux particuliers, à l'agrandissement du savoir humain, mais dont le but principal est, soit de former des savants et des professeurs, soit d'ouvrir la voie aux jeunes gens qui se destinent aux carrières libérales : *Collège de France, École pratique des hautes études, École normale supérieure, facultés.*

Une *faculté* est un établissement d'enseignement supérieur où des professeurs font des cours publics et confèrent, après examen, les grades de *bachelier,* de *licencié,* d'*agrégé,* de *docteur.*

Il y a des facultés : *de droit,* à Paris, Rennes, Caen, Douai, Nancy, Dijon, Grenoble, Aix, Toulouse et Poitiers; *de médecine,* à Paris, Lille, Nancy, Lyon, Montpellier et Bordeaux; *de théologie,* à Paris, Rouen, Lyon, Aix, Bordeaux et Toulouse, pour les catholiques, à Paris et à Montauban, pour les protestants; *des lettres et des sciences* dans chaque académie (celle de Chambéry exceptée).

Certaines écoles supérieures spéciales sont, en outre, placées sous la direction du ministre : *École des Chartes,* destinée à former des archivistes; *Écoles françaises d'Athènes et de Rome,* consacrées aux études archéologiques; *École des langues orientales vivantes.*

Et diverses institutions dépendent encore de lui, qui se rattachent à l'enseignement supérieur : l'*Institut national,* divisé en cinq académies, l'*Académie française,* l'*Académie des Inscriptions et Belles-Lettres,* adonnée spécialement aux études d'érudition sur les langues anciennes et l'archéologie, l'*Académie des sciences* et l'*Académie des sciences morales et politiques;* les *Archives nationales;* la *Bibliothèque nationale* et les *Bibliothèques publiques* (Mazarine, de l'Arsenal, Sainte-Geneviève); les *Sociétés savantes;* etc...

Enseignement secondaire.

L'enseignement secondaire est donné dans les *lycées* et dans les *collèges communaux*.

Les lycées sont des établissements publics, s'administrant eux-mêmes, sous le contrôle de l'Etat; les collèges sont des établissements municipaux.

L'Etat intervient près de ceux-ci comme de ceux-là, quand ils ne font pas leurs frais, sous forme de subvention, ou en rétribuant leurs professeurs, ou en leur fournissant tout ou partie du matériel scolaire; et il y entretient, comme d'ailleurs les départements et les communes, de nombreux boursiers.

L'enseignement secondaire se divise en *classique*, dont les langues anciennes, le grec et le latin, forment la base, et *spécial* à l'usage des jeunes gens qui se destinent au commerce et à l'industrie.

Enseignement primaire.

L'instruction primaire est *obligatoire*.

Elle est donnée *gratuitement* dans toutes les écoles communales publiques.

Dans toutes les écoles communales publiques, l'enseignement est ou sera *laïque*.

La formule *l'instruction primaire est obligatoire, gratuite et laïque* doit donc être ainsi interprétée:

Les particuliers ne sont obligés que par le premier terme: ils doivent faire donner ou donner eux-mêmes l'instruction primaire à leurs enfants, à l'école communale ou ailleurs; tandis que la commune est obligée par les trois termes : elle doit contraindre les parents à envoyer leurs enfants à l'école communale ou à leur faire donner ailleurs, ou à leur donner eux-mêmes l'instruction primaire ; elle doit offrir gratuitement cette instruction aux enfants ; elle doit en exclure, sans rien faire pour l'entraver ou le gêner en dehors de l'école et de ses heures d'étude, l'enseignement religieux.

Depuis 1890, les traitements des instituteurs et des institutrices sont à la charge de l'État, charge énorme, car ils sont près de cent cinq mille, et la communauté y pourvoit au moyen de 8 centimes additionnels aux quatre contributions directes.

A l'enseignement primaire se rattachent les *écoles maternelles*, les *classes enfantines*, les *écoles primaires supérieures*, les *cours complémentaires*, les *écoles normales primaires*, une dans chaque département, où se recrute le personnel enseignant des écoles primaires, les *écoles normales supérieures d'enseignement primaire*, où se recrute le personnel enseignant des écoles normales primaires, etc.

BEAUX-ARTS.

L'assistance que l'*art* peut donner à l'industrie a une importance considérable au point de vue économique et social : l'État a donc le triple devoir de répandre l'enseignement, de conserver les monuments et les œuvres, d'encourager la production *artistiques*. Cette triple tâche est particulièrement dévolue à la deuxième section du ministère de l'instruction publique, c'est-à-dire au *directeur*, au *conseil supérieur* et aux *inspecteurs des Beaux-Arts*.

Enseignement.

A la tête de l'enseignement artistique est l'*École nationale des Beaux-Arts*, où l'on enseigne la *peinture*, la *sculpture*, l'*architecture*, la *gravure en médailles* et la *gravure en taille-douce*, et qui envoie ses lauréats à l'*École de Rome*.

La *musique* et l'*art dramatique* ont leur école supérieure spéciale, le *Conservatoire national de musique et de déclamation*, et un vaste champ d'application dans les cinq *théâtres nationaux*, c'est-à-dire subventionnés par l'État : l'*Opéra*, ou *Académie nationale de musique*, l'*Opéra-Comique*, la *Comédie française*, l'*Odéon*, le *Théâtre d'application*.

Les *manufactures nationales de Sèvres, des Gobelins, de Beauvais, de mosaïque* peuvent être considérées comme de véritables écoles supérieures de *céramique*, de *tapisserie* et de *mosaïque*.

Conservation.

Les *musées nationaux*, au nombre de quatre, *Louvre, Luxembourg, Versailles* et *Saint-Germain*, sont confiés à la garde de la direction des Beaux-Arts, qui encourage en même temps, par des dons et subventions, les *musées départementaux* et les *musées communaux*.

C'est elle aussi qui administre le *musée de Cluny*, le *musée du Trocadéro*, et qui est préposée à la conservation des *monuments historiques* et *mégalithiques* de France, au nombre de plus de 2,500.

Enoouragements.

La direction des Beaux-Arts subventionne la décoration des édifices publics, à Paris et dans les départements; elle achète, pour ses propres collections ou pour en faire don aux départements et aux communes, des statues, des tableaux; elle vient en aide aux sociétés qui organisent des expositions; elle distribue des bourses dans les écoles, de bourses de voyage, des prix; elle favorise enfin par des souscriptions la publication des ouvrages spéciaux.

CHAPITRE VI

Justice et Cultes.

Justice.

Nous avons vu le *ministre de l'intérieur* assurer la *sécurité publique* en faisant rechercher les malfaiteurs par ses *services de police et de sûreté*, et en veillant, par son *service pénitentiaire*, à ce qu'ils subissent les peines prononcées contre eux. Mais ce n'est pas lui qui prononce ou fait prononcer ces peines, ce sont les fonctionnaires placés sous les ordres ou sous la direction du *garde des sceaux, ministre de la justice et des cultes.*

La France est divisée, au point de vue judiciaire, en 26 circonscriptions, qui englobent chacune plusieurs départements et qu'on appelle improprement *cours d'appel*, parce que chacune d'elles contient un tribunal ainsi dénommé. Il y a des cours d'appel à *Douai*, *Amiens*, *Rouen*, *Caen*, *Rennes*, *Poitiers*, *Bordeaux*, *Pau*, *Toulouse*, *Montpellier*, *Nîmes*, *Aix*, *Grenoble*, *Chambéry*, *Lyon*, *Besançon*, *Nancy* et *Bastia* dans celles de ces 26 circonscriptions dont les confins touchent à nos frontières, et à *Paris*, *Angers*, *Orléans*, *Bourges*, *Limoges*, *Agen*, *Riom* et *Dijon* dans les autres.

Les cours d'appel se subdivisent en *arrondissements* et les arrondissements en *cantons*.

A la tête de chaque canton est placé un magistrat, le

juge de paix, chargé de concilier, s'il le peut, puis de juger : *en dernier ressort*, les affaires où la valeur réclamée n'excède pas 100 francs; *en premier ressort*, c'est-à-dire avec faculté d'appel pour le plaideur mécontent, jusqu'à 200 francs, ou même, exceptionnellement dans certaines matières, jusqu'à 1,500 francs.

Le juge de paix exerce, en outre, avec l'aide du *commissaire de police*, qui fait, près de lui, à l'audience publique, fonction de *ministère public*, la police judiciaire; il juge les contraventions de simple police et peut infliger, dans ce cas, jusqu'à 15 francs d'amende et cinq jours de prison.

La loi met enfin sous sa protection les mineurs, les orphelins, les absents, et c'est lui qui préside les conseils de famille, qui appose et lève les scellés.

A chaque chef-lieu d'arrondissement est un *tribunal de première instance*.

Lorsque ce tribunal statue comme *tribunal civil*, il juge en dernier ressort les appels des juges de paix, ainsi que les affaires dont la valeur n'excède pas 1,500 francs, et, à charge d'appel, toutes les autres.

Lorsqu'il statue comme *tribunal correctionnel*, il juge les *délits* après étude de l'affaire par un de ses membres, appelé *juge d'instruction*, et sur le *réquisitoire* d'un magistrat, appelé *procureur de la République*, qui fait près de lui, à l'audience publique, fonction de *ministère public*.

Les plaideurs et les prévenus sont assistés devant le tribunal de première instance par les *avoués*, officiers ministériels, qui préparent les affaires, et par les *avocats*, qui prennent la parole en leur nom.

Au-dessus du tribunal de première instance est la *cour d'appel*, dont le nom suffit à indiquer la fonction principale. La fonction de *ministère public* y est exercée par un magistrat appelé *avocat général*.

A la cour d'appel siège le *procureur général*, chef de tout le *parquet*, c'est-à-dire de l'ensemble des procureurs de la République et de leurs substituts, des avocats généraux et de leurs substituts, c'est-à-dire encore de la *magistrature debout*, dont les membres sont révocables, ceux de la *magistrature assise* étant inamovibles.

A côté de ces trois juridictions régulières, justices de paix, tribunaux de première instance, cours d'appel, se groupent un certain nombre de juridictions exceptionnelles.

D'abord la *cour d'assises*, qui se tient quatre fois par an et d'ordinaire au chef-lieu du département pour juger les faits qualifiés *crimes* et punis des peines infamantes du bannissement et de la dégradation civique, ou des peines afflictives et infamantes de la détention pendant cinq ans au moins, de la réclusion, de la déportation, des travaux forcés, de la mort. Le *verdict*, c'est-à-dire la question de savoir si l'accusé est innocent ou coupable, est rendu par le *jury*, assemblée de douze personnes appelées *jurés* et choisis par le sort à chaque session sur une liste dressée, pour chaque arrondissement, par une commission spéciale. Les magistrats composant la cour, devant laquelle l'avocat général et l'avocat ont soutenu l'accusation et la défense, ne font qu'appliquer, s'il y a lieu, la peine marquée par la loi.

Ensuite les *tribunaux de commerce* ou *tribunaux consulaires*, qui ont pour office de juger les différends entre commerçants, et dont les juges, non rétribués, sont élus par les notables négociants.

Enfin les *conseils de prud'hommes*, qui prononcent sur

les difficultés entre patrons et ouvriers, et dont les membres sont élus moitié par ceux-ci, moitié par ceux-là.

Planant à Paris, au-dessus de ces magistratures diverses, la *cour de cassation* veille à la stricte observation des lois. Elle peut annuler, sur appel ou recours, les jugements ou arrêts de toutes les autres, s'il y a eu fausse application de la loi ou inobservation des formes. Dans ce cas, comme elle ne statue jamais elle-même sur le *fond*, elle désigne le tribunal devant lequel le procès doit être recommencé.

Il nous reste à mentionner deux juridictions d'un autre caractère que les précédentes :

Le *conseil d'État*, qui statue souverainement sur les recours en matière contentieuse administrative et sur les demandes d'annulation pour excès de pouvoir, et qui donne son avis au Parlement sur les propositions de loi quand celui-ci les lui soumet, au gouvernement sur les projets de décrets et de règlements d'administration publique;

Le *tribunal des conflits*, qui règle les conflits d'attributions entre l'autorité administrative et l'autorité judiciaire.

Cultes.

Le ministre de la justice est chargé des rapports du gouvernement avec les Eglises.

Trois religions sont reconnues par l'Etat, qui rétribue leurs ministres : la *religion chrétienne*, la *religion juive* et la *religion musulmane*.

La religion chrétienne comprend d'abord le *culte catholique*, qui est celui de la très grande majorité des Français.

Au point de vue de l'administration religieuse catholique, la France est divisée en 17 *archevêchés,* dont les sièges sont : *Cambrai, Reims, Rouen, Rennes, Tours, Bordeaux, Auch, Toulouse, Avignon, Aix, Chambéry, Besançon, Paris, Bourges, Albi, Lyon* et *Sens,* et qui englobent chacun plusieurs départements.

Les archevêchés se divisent en *évêchés,* comprenant chacun un ou plusieurs départements et au nombre de 67.

Les uns et les autres sont au même titre des *diocèses.* Cela fait, en tout, 84 diocèses, constitués chacun de la réunion de toutes les paroisses d'un certain nombre d'arrondissements.

A la tête de l'archevêché est l'*archevêque,* de l'évêché, l'*évêque,* tous deux nommés par le gouvernement et institués par le *pape,* tous deux assistés de *vicaires généraux* et de *chanoines* dont la réunion constitue le *chapitre.* Les archevêques consacrent les évêques, et les ecclésiastiques peuvent appeler au tribunal de ceux-là des sentences rendues par ceux-ci.

Dans chaque *paroisse* est un *curé,* quelquefois assisté de *vicaires ;* le curé des chefs-lieux de canton porte le titre de *doyen;* celui des chefs-lieux d'arrondissement, d'*archidiacre.*

Après le culte catholique viennent deux formes différentes du *protestantisme :* la *communion luthérienne* ou *confession d'Augsbourg,* et la *communion réformée* ou *calviniste.* Leurs ministres prennent le nom de *pasteurs,* et l'autorité suprême est chez elles le *consistoire supérieur* pour les *luthériens,* le *conseil central des Eglises réformées* pour les *calvinistes.*

La *religion juive* a pour ministres les *rabbins* et pour autorité suprême le *consistoire central* de Paris.

La *religion musulmane*, dont le culte est pratiqué surtout en Algérie, a pour desservants des *muftis* et des *imans*.

Le ministre de la justice et des cultes a sous sa surveillance l'*Imprimerie nationale* et la *grande chancellerie de la Légion d'honneur*, qui ont leurs budgets spéciaux. De la Légion d'honneur dépendent les maisons d'éducation de *Saint-Denis*, d'*Écouen* et des *Loges*, où l'on élève gratuitement 800 filles de légionnaires sans fortune, et, moyennant rétribution, une centaine de filles, petites-filles, sœurs, nièces ou cousines de légionnaires.

CHAPITRE VII

Colonies.

Les colonies françaises jouissent, en général, de la représentation parlementaire : l'*Algérie* a 3 sénateurs et 6 députés; la *Guadeloupe*, la *Martinique*, la *Réunion*, chacune 1 sénateur et 2 députés; l'*Inde française*, 1 sénateur et 1 député ; la *Guyane*, la *Cochinchine française* et le *Sénégal*, chacun un député.

Au point de vue administratif, voici quelle est, en général, l'organisation actuelle : un *gouverneur civil* assisté d'un *chef du service administratif de la marine* et représentant l'intérêt métropolitain; un *directeur de l'intérieur*, chargé de tous les intérêts locaux; un *procureur général*, chef du service de la justice; un *conseil privé*, placé près du gouverneur pour l'examen des affaires administratives et composé des chefs d'administration et de notables habitants; un *conseil général* et des *conseils municipaux* élus au suffrage universel et ayant à peu près les mêmes attributions que ceux de la métropole.

L'administration des colonies est aujourd'hui répartie entre trois départements ministériels : l'Algérie à l'*Intérieur;* les protectorats de Tunisie et de Madagascar aux *Affaires étrangères;* les autres colonies ou protectorats au *Commerce*, sous la direction d'un *sous-secrétaire d'État.*

On sait que le *protectorat* se distingue de la colonie

en ce que l'État sur lequel il est établi conserve son individualité propre, son chef national, ses lois et coutumes, et une liberté d'action plus ou moins grande, sauf à subir, surtout en matière de relations extérieures, le contrôle du gouvernement métropolitain, lequel y est représenté par un *résident*.

Algérie.

L'Algérie est divisée en trois *départements*, dont les chefs-lieux sont Alger, Oran et Constantine.

Chacun de ces départements se divise en *arrondissements*, comme ceux de la métropole, et l'on y distingue un *territoire civil*, entièrement assimilé à la France, et un *territoire de commandement*, régi par l'autorité militaire.

Les *communes* sont de trois sortes : *communes* de plein exercice, entièrement assimilées à celles du continent ; *communes mixtes*, dans les endroits où les Européens sont encore en minorité ; *communes indigènes*, là où il n'y a pas d'Européens.

Il y a encore en Algérie un *gouverneur général civil*, dépendant du ministre de l'intérieur, mais tous les services autres que celui du *gouvernement général* sont répartis, depuis 1881, entre les divers départements ministériels, et l'Algérie est aujourd'hui terre française.

On y compte près de 4 millions d'habitants, dont environ 442.000 Européens, parmi lesquels 219.000 Français et plus de 43.000 israélites indigènes naturalisés et nés de naturalisés.

Colonies et protectorats.

Le sous-secrétaire d'Etat aux Colonies est chargé de l'administration civile, de la défense militaire, des travaux publics des colonies. Il a, de plus, à s'occuper des condamnés qui y sont transportés ou relégués.

Voici la liste des colonies proprement dites et des pays de protectorat qu'y s'y rattachent :

En Asie, 2 colonies : 1° les *Établissements français dans l'Inde*, avec un gouverneur et un directeur de l'intérieur à Pondichéry et des administrateurs dans chacune des quatre autres villes (Chandernagor, Karikal, Mahé et Yanaon) ; 2° l'*Indo-Chine française*, avec un gouverneur général et un lieutenant-gouverneur de la Cochinchine à Saïgon, plus un résident supérieur (par intérim) à Hanoï (Tonkin) ; — et 2 protectorats, dont les résidents supérieurs, ceux de Hué (Annam) et de Pnum-Penh (Cambodge), sont placés sous la direction du gouverneur général.

En Afrique, indépendamment de l'Algérie, 8 colonies : 1° le *Sénégal* proprement dit, avec un gouverneur et un directeur de l'intérieur ; 2° les *Rivières du Sud*, dépendance du Sénégal, mais ayant aussi son gouverneur ; 3° le *Soudan français* ou *Haut-Fleuve*, autre dépendance du Sénégal, mais ayant un gouverneur militaire et son budget spécial ; 4° le *Gabon-Congo*, avec un gouverneur ou commissaire genéral du gouvernement, un lieutenant-gouverneur et un directeur de l'Intérieur ; 5° la *Réunion*, gouverneur et directeur ; 6° *Mayotte*, idem; 7° *Diégo-Suarez et dépendances*, gouverneur et chef de service de l'intérieur à Diégo-Suarez, administrateurs à Sainte-Marie-de-Madagascar et à Nossi-Bé; 8° *Obock*, sur la mer Rouge, gouverneur; — et un certain nombre de protectorats encore mal définis : 1° ceux du *Soudan français*, en voie de formation et administrés par le gouverneur militaire de la colonie du même nom; de la *Côte de l'Ivoire*, avec résident à Grand-Bassam, et de la *Côte des Esclaves*, avec résident à Porto-Novo, qui sont placés l'un et l'autre sous la direction du gouverneur du Sénégal; 2° ceux de *Tadjourah*, *Gobad* et *Djibouti*, administrés par le gouverneur d'Obock; 3° celui de *Madagascar* (3 millions et demi d'habitants), avec son résident général à Tananarive; 4° celui de *Tunisie* (1 million et demi d'habitants), avec un résident général à Tunis; les deux derniers relevant, comme nous l'avons dit plus haut, non du sous-secrétaire d'Etat aux colonies, mais du ministre des affaires étrangères.

En Amérique, 4 colonies la *Martinique*, la *Guadeloupe*, la *Guyane française* et *Saint-Pierre et Miquelon*, qui ont chacune un gouverneur et un directeur de l'intérieur.

En Océanie, 2 colonies, ayant chacune un gouverneur et un directeur de l'intérieur, la *Nouvelle Calédonie et dépendances* et les *Établissements français dans l'Océanie*, qui comprennent l'archipel de la Société (îles du Vent : Tahiti, Moorea, etc., et îles Sous-le-Vent), les archipels des Marquises (dont Noukahiva), des Gambier, etc.

L'effectif des *troupes coloniales* à la disposition du sous-secrétaire d'État aux colonies, qui n'a à s'occuper, comme nous l'avons dit plus haut, ni de l'Algérie, ni de la Tunisie, ni de Madagascar, ne dépasse guère, pour un empire de plus de 24 millions et demi d'habitants, répartis sur une superficie de plus de 2 millions et demi de kilomètres carrés, 11,000 hommes. C'est l'infanterie de marine pour plus de moitié, l'artillerie de marine, la gendarmerie coloniale, les spahis, les troupes disciplinaires et les troupes indigènes.

CHAPITRE VIII

Affaires étrangères.

La mission d'assistance et de surveillance qui incombe à l'État ne serait qu'incomplètement remplie si elle ne s'exerçait que dans les limites du territoire national ou colonial. Tout citoyen français de passage ou en résidence dans un pays étranger a le droit d'y compter sur la protection du gouvernement français et le devoir de s'y soumettre, comme s'il était en France, à la loi française.

C'est du *ministre des affaires étrangères* que se réclament et que relèvent les citoyens français de passage ou en résidence à l'étranger.

Mais le ministre des affaires étrangères a, en même temps, une mission politique de la plus haute importance : c'est lui qui est chargé des rapports avec les ambassadeurs, ministres et agents diplomatiques, soit des puissances étrangères près le gouvernement français, soit du gouvernement français près les puissances étrangères, de la préparation des alliances, de la négociation des traités.

Deux grandes directions correspondent, dans les bureaux des affaires étrangères, à ces deux ordres d'attributions du ministre : la *direction des affaires commerciales et consulaires*, la *direction des affaires politiques*. De la première dépendent les *consulats*, *vice-consulats*, *chancel-*

leries, drogmanats et *interprétariats;* de la seconde, le *corps diplomatique.*

Affaires commerciales et consulaires.

Le *consul* est un agent chargé de protéger à l'étranger la vie et les intérêts de ses nationaux, et de fournir à la mère patrie tous les renseignements qui peuvent être utilisés par elle pour le développement de son commerce extérieur.

La loi lui confère, en outre, la qualité d'officier de l'état civil : il enregistre, avec l'assistance de son *chancelier,* les actes de naissance, de mariage, de décès de ses nationaux.

Près des consuls et des chanceliers sont, au besoin, des *interprètes,* qui prennent le nom de *drogmans,* dans les pays de langue turque ou arabe.

Les ports de mer, les villes importantes de commerce sont la résidence ordinaire des consuls.

Affaires politiques.

Les agents diplomatiques du ministre des affaires étrangères sont les *ambassadeurs* et les *ministres plénipotentiaires.*

Un ambassadeur est le représentant d'un Etat près d'un autre Etat. La personne d'un ambassadeur est inviolable, et son domicile est considéré comme faisant partie du territoire de son pays.

Nous avons actuellement neuf ambassadeurs dont les résidences, appelées *ambassades,* sont, par ordre alphabétique, Berlin, Berne, Constantinople, Londres, Madrid,

Rome (Italie), Rome (Saint-Siége), Saint-Pétersbourg et Vienne.

Un *ministre plénipotentiaire* est, étymologiquement, un envoyé muni de pleins pouvoirs, pour traiter une affaire. Dans la réalité, nos ministres plénipotentiaires sont, avec un traitement inférieur, des ambassadeurs comme les autres. Nous en avons aujourd'hui 28, dont les résidences sont appelées *légations*.

Les ambassadeurs ont près d'eux des *conseillers* et des *secrétaires d'ambassade;* les ambassadeurs et les ministres plénipotentiaires, des chanceliers et des interprètes, comme les consuls.

Rappelons, pour en finir avec le ministère des affaires étrangères, qu'il comprend le *service des protectorats* (Tunisie et Madagascar), et mentionnons un autre de ses rouages, le *service du protocole,* qui s'occupe de l'étiquette, des préséances, du cérémonial, de la réception du corps diplomatique étranger, des audiences, des décorations, de la rédaction des traités, en un mot de toutes les questions de forme, dont l'importance est si grande au point de vue de nos relations extérieures.

CHAPITRE IX

Marine.

La France possède, tant sur son territoire continental que dans ses colonies et pays de protectorat, une étendue de côtes considérable ; son commerce extérieur par mer atteint près de 7 milliards de francs ; sa marine marchande compte plus de 15,000 navires jaugeant ensemble près de 1 million de tonnes et occupant plus 90,000 marins : être une puissance maritime de premier ordre est, par conséquent, pour elle, une nécessité impérieuse.

C'est le *ministre de la marine* qui y veille, avec l'aide et sous le contrôle du Parlement.

Le littoral de la France se divise en 5 *arrondissements maritimes* :

Un sur la Manche : le 1er, qui va de la frontière de Belgique à *Cherbourg*, son chef-lieu;

Trois sur l'Océan : le 2e, dont *Brest* est le chef-lieu, et qui comprend les côtes et les îles de Cherbourg à Quimper ; le 3e, chef-lieu *Lorient*, côtes et îles, de Quimper exclusivement à la rive gauche de la Loire ; le 4e, chef-lieu *Rochefort*, de la rive gauche de la Loire à la frontière d'Espagne ;

Un sur la Méditerranée : le 5e, chef-lieu *Toulon*, tout le littoral avec les petites îles adjacentes et la Corse.

A la tête de chaque arrondissement est un *préfet maritime*.

Chaque arrondissement se subdivise en deux ou trois *sous-arrondissements;* chaque sous-arrondissement, en un certain nombre de *quartiers;* chaque quartier, en un certain nombre de *syndicats.*

Outre les *arsenaux* et *chantiers de construction* des cinq grands *ports militaires* chefs-lieux d'arrondissement, la marine a des établissements à *Indret* (Loire), *Ruelle* (Charente) et *Guérigny* (Nièvre).

Personnel.

Le personnel de la marine comprend les hommes de l'*inscription maritime* et du recrutement, les corps militaires et civils, ainsi que les diverses écoles qui se rattachent à ces corps, et les agents des services spéciaux.

Tout homme qui se livre soit à la navigation, soit à la pêche en mer ou dans les rivières jusqu'au point où se fait sentir l'action des marées, reste inscrit sur les matricules de la marine de dix-huit à cinquante ans, à moins qu'il n'ait déclaré, un an à l'avance, son intention d'y renoncer, et l'Etat peut toujours, même en temps de paix, le requérir pour le service de ses bâtiments ou de ses arsenaux.

Les levées de l'inscription s'exécutent chaque année en commençant par les hommes qui ont le moins d'embarquement sur les navires de l'Etat et qui n'ont pas dépassé l'âge de quarante ans; mais l'administration tient compte d'abord des demandes de service volontaire, qui, d'ordinaire, suffisent presque aux effectifs, ensuite de celle des quatre classes à laquelle appartient l'inscrit (célibataires, veuf sans enfants, hommes mariés sans enfants, pères de famille).

La durée nominale du service des hommes de l'inscription est de cinq ans, mais l'année passée sur la flotte compte pour dix-huit mois.

Les marins reçoivent, à partir de leur levée, une solde qui est insaisissable et dont ils peuvent déléguer une part à leurs familles.

Les inscrits maritimes sont au nombre d'environ 115,000 et la levée permanente d'à peu près 4,900.

Quant au recrutement, il ne fonctionnerait qu'en cas d'insuffisance du nombre d'hommes fournis par l'inscription maritime, par les engagés ou rengagés volontaires et par les jeunes gens qui, au moment des opérations du conseil de revision, ont demandé à entrer dans les équipages de la flotte et ont été reconnus aptes à ce service; seraient pris, en ce cas, les hommes du contingent ayant eu, au tirage au sort, les numéros les moins élevés.

Les *officiers* du corps *de la marine* sont employés au commandement des *armées navales*, des *escadres*, des *divisions* et des *bâtiments*; dans les *états-majors*; à l'administration des *préfectures maritimes*; à la *majorité générale* et à la *direction du mouvement dans les ports*; dans les *conseils de guerre*; au *commandement* et à l'*inspection des équipages de la flotte*.

Voici la série de leurs *grades*: mécanicien de 2e classe, principal de 1re classe, en chef; aspirant de 2e classe, de 1re classe; enseigne de vaisseau; lieutenant de vaisseau; capitaine de frégate; capitaine de vaisseau; contre-amiral; vice-amiral.

Le cadre se recrute par les élèves provenant de l'*École navale* et de l'École polytechnique, par les capitaines au long cours ayant servi un certain temps comme enseignes auxiliaires sur les bâtiments de l'État, enfin parmi les premiers maîtres qui ont satisfait à un examen théorique et pratique.

Nous avons dit plus haut comment se recrutaient les

équipages de la flotte. Leurs différents *grades* sont : mousse, novice, matelot, quartier-maître, second-maître, maître de manœuvre ; aide, second-maître et maître de canonnage, de timonnerie, de charpentage, de calfatage et de voilerie ; pilote-côtier.

Les équipages de la flotte sont répartis en cinq divisions correspondant aux cinq préfectures maritimes.

Leur effectif est d'environ 45,000 hommes en temps de guerre.

Les autres corps sont :

Les *ouvriers mécaniciens* et *chauffeurs* pour le service des bâtiments à vapeur de l'État ;

L'*artillerie de marine* qui dirige le régiment et les compagnies d'ouvriers dans les ports, arme les forts, fait le service aux colonies, etc. ;

L'*infanterie de marine ;*

Les *disciplinaires ;*

La *gendarmerie maritime*, etc.

Le *personnel technique* se compose principalement du *génie maritime*, qui dirige les constructions navales et se recrute par l'Ecole polytechnique et l'*École d'application* du quai des Tournelles ; d'un certain nombre d'*ingénieurs des ponts et chaussées* affectés à la marine ; d'*ingénieurs hydrographes* sortis également de l'École polytechnique ; et d'*officiers d'artillerie de marine.*

Le *personnel administratif* comprend, entre autres organes, le *commissariat de marine*, avec ses commissaires généraux, ses commissaires, ses sous-commissaires et ses commis.

Matériel.

Le matériel naval est réparti dans les grands arsenaux des cinq ports militaires, dans l'établissement d'Indret et dans les fonderies de Ruelle et les forges de La Chaussade (Guérigny).

La *flotte française* se composait, en 1890, de 378 navires de guerre (cuirassés, croiseurs, avisos, canonnières, torpilleurs et contre-torpilleurs), l'Angleterre en ayant 486, l'Italie 238, l'Allemagne 181, l'Autriche 119 et la Russie 10.

Invalides de la marine.

Véritable tontine, assurant les meilleures chances possibles à tous les membres de la grande famille maritime, la *Caisse des invalides de la marine* complète les justes compensations dues aux marins, astreints, dans l'intérêt de l'État, au régime exceptionnel de l'inscription.

Cet établissement, plus de deux fois séculaire, se compose de trois caisses :

La *caisse des prises* réclame et répartit le produit des captures au profit du marin, de sa succession, ou, à défaut d'héritiers, de la population maritime ;

La *caisse des gens de mer* recueille l'avoir du marin pendant ses absences ou à son décès, et se charge de payer aux familles non seulement les délégations consenties au départ, mais les économies que leurs soutiens veulent leur faire parvenir de tous les points de l'Océan; elle consent à ces familles des acomptes de paiements anticipés, et leur accorde des secours en cas de besoins urgents ;

La *caisse des invalides* pourvoit aux demi-soldes, pensions et secours accordés au personnel commercial.

CHAPITRE X

Guerre.

Le véritable organisme de la défense nationale est le *ministère de la guerre.* Aussi, est-ce par centaines de millions que les Chambres le dotent chaque année, en outre des trois milliards qui lui ont été alloués de 1872 à 1890 pour la réfection de son matériel. A quoi nous serviraient, en effet, tous les sacrifices que nous faisons pour les autres branches de l'administration, si nous marchandions à celle-ci les moyens de défendre nos personnes et nos biens contre une agression du dehors ?

L'*armée* est fournie par le *recrutement.*

Le recrutement est réglé par la *loi du 15 juillet 1889.*

D'après cette loi :

Tout Français doit le *service militaire* personnel, *de vingt à quarante-cinq ans*, c'est-à-dire pendant une durée de *vingt-cinq années*, dont *trois* dans l'*armée active*, *sept* dans la *réserve de l'armée active*, *six* dans l'*armée territoriale*, et *neuf* dans la *réserve de l'armée territoriale.*

En temps de guerre, toutes ces armées seraient sur pied.

En temps de paix, il n'y a généralement sous les armes que l'*armée active;* mais les hommes de la *réserve* sont assujettis à prendre part, au cours de leurs sept années d'inscription dans cette réserve, à *deux manœuvres* chacune d'une durée de *quatre semaines ;* les hommes de l'armée *territoriale,* au cours de leurs six années d'inscription dans cette armée, à une *période d'exercices* dont la durée est de *deux semaines.*

Voici comment se font les *appels :*

Chaque année, pour la formation de la *classe,* les maires dressent, publient et affichent le tableau de *recensement* des jeunes gens, domiciliés dans leur commune, qui ont, avant le 1er janvier, atteint l'âge de vingt ans révolus.

Quelque temps après, ces jeunes gens se présentent à leur mairie, et chacun d'eux prend dans une urne un *numéro.* C'est le *tirage au sort,* qui n'a plus maintenant pour but que d'établir les conditions dans lesquelles le *conscrit* servira.

Les conscrits sont ensuite convoqués au chef-lieu de canton, devant le *conseil de revision,* qui *exempte* ceux d'entre eux que leurs infirmités rendent impropres à tout service actif ou auxiliaire, et *peut ajourner* deux années de suite ceux qui n'ont pas la taille réglementaire de 1 mètre 54 centimètres ou dont la complexion est trop faible pour un service armé, ces jeunes gens ne devant plus être soumis, s'ils sont enfin reconnus propres au service armé ou auxiliaire, qu'aux obligations de la classe à laquelle ils appartiennent.

En dehors de l'exemption ou de l'ajournement pour cause d'incapacité physique, il n'y a, *en temps de guerre, aucune dispense,* sauf pour les indignes, qui payent leur dette d'une autre façon ;

Et, *pendant la paix, tous doivent* accomplir leurs *trois ans* de service dans l'armée active, à l'exception des *aînés d'orphelins, fils uniques de femme veuve,* etc., qui SONT *renvoyés dans leurs foyers après un an de service*, et des *soutiens de famille* ou des jeunes gens ayant contracté l'engagement de servir pendant dix ans dans l'instruction publique, ou poursuivant certaines études supérieures, ou ayant obtenu certains prix ou diplômes, ou se préparant à exercer le ministère dans l'un des cultes reconnus par l'État, lesquels PEUVENT ÊTRE de même, mais *sur leur demande, renvoyés en congé dans leurs foyers après un an de service.*

Tout exonéré de tout ou partie du service dans l'armée active paye une *taxe militaire* annuelle qui se compose d'une taxe fixe de 6 francs et d'une taxe proportionnelle à ses ressources présumées ou à celles de sa famille.

L'incorporation du *contingent* se fait entre le 1er et le 16 novembre; les premiers numéros sont affectés, s'il y a lieu, comme nous l'avons dit plus haut, d'abord aux équipages de la flotte, puis aux troupes coloniales; les autres sont répartis, suivant les aptitudes physiques, les occupations antérieures, les besoins des divers services, et, quelquefois, leur propre demande, dans telle ou telle arme.

L'*armée active* est aujourd'hui, en y comprenant les officiers et sous-officiers, de plus de 573,000 hommes. Mais l'armée active n'est plus, depuis la loi de 1889, que la grande école militaire du pays. Au lendemain de la mobilisation, quand elle aurait reçu ses sept classes de réservistes, son effectif attendrait le chiffre approximatif de 1 million 790,000 hommes, ce qui nous permettrait d'en mettre sur pied, avec les 930,000 environ des six classes de l'armée territoriale, plus de 2 millions 700,000, sans compter la réserve de cette armée, qui porterait au besoin le chiffre total à près de 4 millions.

Notre corps de *sous-officiers* (caporal ou brigadier, caporal-fourrier ou brigadier-fourrier, sergent-major ou maréchal des logis, etc.) se recrute soit par les écoles spéciales militaires (*Saumur* pour la cavalerie, le *Camp d'Avor* pour l'infanterie, *Versailles* pour l'artillerie et le génie, etc.), soit par voie de rengagement. Il y en a environ 43,000.

Notre corps d'*officiers* (sous-lieutenant, lieutenant, capitaine, chef de bataillon ou d'escadron, lieutenant-colonel, colonel, général de brigade, général de division) se recrute presque entièrement par les écoles spéciales *polytechnique* et d'*application* pour l'artillerie et le génie, de *Saint-Cyr* pour l'infanterie et la cavalerie, et se perfectionne à l'*École supérieure de guerre*, qui leur délivre un *brevet*. Il y en a environ 27,000.

Les différentes armes sont :

Infanterie : infanterie de ligne, chasseurs à pied, zouaves, infanterie légère d'Afrique, fusiliers de discipline, pionniers de discipline, légion étrangère, tirailleurs algériens.

Cavalerie : Cuirassiers, dragons, hussards, chasseurs, chasseurs d'Afrique, spahis, spahis tunisiens, cavaliers de remonte;

Artillerie : artilleurs, artilleurs à pied, pontonniers, ouvriers d'artillerie, artificiers;

Génie : sapeurs, sapeurs-conducteurs.

Équipages militaires : train.

Divers : secrétaires d'Etat-major et de recrutement, commis et ouvriers militaires d'administration, infirmiers militaires, gendarmerie, garde républicaine.

Chaque *compagnie* est commandée par un *capitaine*, chaque *bataillon* ou *escadron* par un *chef de bataillon* ou *d'escadron*, qu'on appelle aussi *commandant*, chaque *régiment* par un *colonel*.

La réunion de deux régiments forme une *brigade*, qui est commandée par un *général de brigade*; la réunion de deux brigades forme une *division*, qui est commandée par un *général de division*.

Quant au corps d'armée, commandé par un général de division qui prend momentanément le titre de *commandant de corps*, il comprend deux divisions d'infanterie, un bataillon de chasseurs à pied, une brigade de cavalerie, une brigade d'artillerie, un bataillon du génie, un escadron du train des équipages militaires, etc.

Il y a autant de corps d'armée que de *régions militaires*, c'est-à-dire dix-huit en France et un en Algérie.

LIVRE III

ORGANISATION FINANCIÈRE

CHAPITRE PREMIER

Dépenses publiques.

Grâce à celles des institutions de la France dont nous avons parlé jusqu'à présent, le peuple français, peuple libre par excellence, n'a à obéir qu'à des lois qu'il a faites pour ainsi dire lui-même, puisqu'elles ont toutes été acceptées ou rédigées par ses mandataires; il est assuré de recevoir le minimum d'instruction sans lequel l'égalité serait un vain mot; chacun de ses membres peut compter, quels que soient la profession qu'il ait embrassée ou le sol que son pied foule, sur l'aide et sur la protection de la communauté; enfin l'ordre règne chez lui et ses voisins le respectent.

Mais tant d'avantages ne vont pas sans de lourds sacrifices, et les sommes que nous avons à payer chaque année, pour n'en perdre aucun, sont considérables.

Pouvoirs publics.

L'organisation politique est relativement peu coûteuse : 1 million 200,000 francs pour le traitement, les frais de maison, de voyages et de représentation du *Président de la République;* un peu plus de 4 millions et demi pour les indemnités aux *Sénateurs* et l'administration du *Sénat;* 7 millions un quart pour les indemnités des *Députés* et l'administration de la *Chambre des Députés;* soit, en tout : *13 millions*, au lieu de 37 et demi sous l'Empire.

Services généraux des Ministères.

Quant à l'organisation administrative, voici, en chiffres ronds — si, conformément à l'usage, on ne défalque pas du total des dépenses de chaque ministère les recettes que son département rapporte au Trésor, et si l'on attribue des dépenses personnelles au ministère des finances, qui n'est en réalité, qu'une caisse générale et dont nous n'avons pas eu, par conséquent à parler jusqu'ici — le tableau des sommes nécessaires à son fonctionnement (exercice 1891) :

Intérieur, 73 millions; *Agriculture,* 21 millions; *Commerce et Industrie,* 20 millions; *Colonies,* 53 millions; *Travaux publics,* 167 millions; *Instruction et Beaux-Arts,* 182 millions; *Justice et Cultes,* 82 millions; *Affaires étrangères,* 14 millions; *Marine,* 210 millions; *Guerre,* 676 millions; *Finances,* 20 millions.

Si l'on ajoute à cette nomenclature près de 22 millions de *remboursement, restitutions, non-valeurs,* etc. et les fragments de millions que nous n'y avons pas mentionnés, on arrive, comme total, à *environ 1 milliard 541 millions.*

Dette publique.

Mais il est une catégorie de dépenses dont nous n'avons pas encore parlé et qui égale presque à elle seule toutes les autres réunies : le service de la *dette publique*.

On divise la dette publique en *dette viagère*, *dette remboursable* et *dette consolidée*.

Ce qu'on appelle au budget la *dette viagère* n'est, en sa presque totalité, qu'un service courant comme les autres, et elle pourrait être classée à peu près entièrement dans les dépenses des ministères.

Les pensions civiles aux fonctionnaires de toutes sortes y figurent en effet, pour plus de 62 millions; les pensions militaires de la guerre pour près de 93 millions; celles de la marine pour plus de 33 millions, etc.

Son total est d'environ 221 millions.

Il n'en est pas de même de la *dette remboursable* à terme ou par annuités. La date de la plupart de ses articles est relativement récente, mais ils n'en ont pas moins tous pour origine un emprunt, direct, indirect, ou déguisé.

Un Etat emprunte pour soutenir une guerre ou en payer les frais lorsqu'il y est contraint par le vainqueur après la défaite; ou pour entreprendre de grands travaux qui profiteront surtout aux générations futures, et dont il est juste de leur faire supporter en partie la charge; ou pour combler, à défaut d'autres moyens, un déficit plus ou moins considérable. Nous trouvons ces trois sortes d'emprunts aux sources de la dette remboursable.

Son service a figuré au budget de 1891 pour environ 303 millions, dont près de moitié pour l'intérêt et l'amortissement du 3 0/0 amortissable, qui ne s'éteindra qu'en 1953 avec sa 75ᵉ et dernière annuité. Elle représente un capital de plus de 7 milliards.

La *dette consolidée* ou *perpétuelle* est l'ensemble des charges que nous ont léguées les anciens régimes.

Elle se compose de rentes 4 et demi p. 100, et de rentes 3 p. 100, qui exigent tous les ans plus de 748 millions, correspondant à un capital de près de 22 milliards.

Le service annuel de la dette publique s'élève, en somme, à *près de 1 milliard 272 millions.*

Service général des Finances.

Il faut ajouter à ces trois ordres de dépenses, comme nous le verrons plus loin, *plus de 337 millions* pour les *frais de régie, de perception et d'exploitation des impôts et revenus publics.*

Récapitulation.

Ce qui porte le total général des dépenses publiques annuelles à *près de trois milliards cent soixante-cinq millions.*

CHAPITRE II

Recettes publiques.

Les impôts et revenus publics sont classés dans la loi de finances sous cinq titres différents.

Impôts directs.

Les *contributions directes* sont demandées personnellement, nominativement au contribuable et établies d'après le revenu qu'il est supposé tirer de la possession de sa terre ou de sa maison, de l'exercice de sa profession ou de son industrie.

On les divise en *impôts de répartition* et *impôts de quotité*.

Ce qui caractérise l'impôt *de répartition*, c'est que la loi de finances, après avoir déclaré que l'impôt devra rapporter une somme de... et fixé le *contingent* en principal de chaque département selon le total présumé de tous les produits de la matière imposée dans ce département, laisse les conseils généraux faire le *répartement* entre les arrondissements, les conseils d'arrondissement la *répartition* entre les communes, et les communes la sous-répartition entre les contribuables.

L'impôt *de quotité* est, au contraire, fixé directement par la loi de finances au prorata du revenu net. On pré-

6

sume qu'il rapportera une somme de..., mais c'est une simple présomption et non plus une certitude.

Les principales contributions directes sont au nombre de quatre : *foncière, personnelle-mobilière, des portes et fenêtres, des patentes.*

Contribution foncière. — La propriété foncière se divise, au point de vue de l'impôt, en *propriété non bâtie*, et *propriété bâtie.*

L'impôt sur la propriété non bâtie rapporte aujourd'hui à l'Etat environ 111 millions et demi. C'est un impôt de répartition.

Celui sur la propriété bâtie, qui est un impôt de quotité, 3,20 pour 100 du revenu net, lui rapporte environ 71 millions.

Contribution personnelle-mobilière. — La contribution personnelle-mobilière est due par chaque habitant de la France, homme et femme, sauf les indigents. Elle comprend deux taxes séparées : la *cote personnelle,* qui équivaut à trois journées de travail, le prix moyen de la journée étant fixé dans chaque département par le Conseil général ; la *cote mobilière,* qui est proportionnelle au loyer.

La contribution personnelle-mobilière, qui est un impôt de répartition, rapporte à l'Etat environ 81 millions et demi.

Contribution des portes et fenêtres. — La contribution des portes et fenêtres, que la loi a mise indirectement à la charge du locataire, est un impôt de répartition et elle rapporte à l'Etat plus de 53 millions.

Contribution des patentes. — Toute personne qui

exerce un métier, un commerce, un état, sauf les employés du Gouvernement, les artistes, professeurs, etc., appartenant à certaines des professions libérales, et les laboureurs, ouvriers, etc., paye patente.

La patente se compose d'un droit fixe et d'un droit proportionnel.

Le droit fixe est établi eu égard à la population de la ville et d'après un tarif général comprenant un certain nombre de classes pour les industries et professions énumérées dans un premier tableau ; de même, mais d'après un tarif exceptionnel pour celles qui figurent dans un second tableau ; sans égard à la population pour celles d'un troisième tableau — les trois tableaux étant soumis à une revision quinquennale.

Le droit proportionnel est basé, pour toutes ces professions, sur l'importance des loyers divers payés par ceux qui les exercent, et, en plus, pour certaines d'entre elles, les magasins de nouveautés par exemple, sur le nombre des employés occupés aux opérations commerciales de la maison.

La contribution des patentes, impôt de quotité, rapporte à l'Etat un peu plus de 111 millions et demi.

Taxes assimilées aux contributions directes. — Les autres impôts directs sont :

La *taxe des biens de mainmorte.* — Les biens de mainmorte, biens des sociétés anonymes, communautés, hospices, bureaux de bienfaisance, communes, départements, et, en général, de tous les établissements publics autorisés, ne changeant pas de propriétaire par suite de décès et étant rarement vendus, n'acquittent aucun droit de *mutation ;* afin de compenser la perte subie de ce fait par l'Etat, on les a soumis à une taxe de 70 centimes par franc sur le principal de la contribution foncière;

La *redevance des mines;*

Le *droit de vérification des poids et mesures;*

Le *droit de vérification des alcoomètres;*

Le *droit de visite des pharmacies et drogueries;*

Le *droit d'inspection des fabriques et dépôts d'eaux minérales;*

La *contribution sur les chevaux, voitures et mulets;*

La *taxe sur les billards publics et privés;*

La *taxe sur les cercles, sociétés et lieux de réunion;*

Et la *taxe militaire.*

Ils rapportent, en tout, plus de 29 millions et demi.

En sorte qu'avec les impôts similaires d'Algérie, nous trouvons, pour le *produit total des impôts directs, environ 469 millions,* c'est-à-dire *moins de 15 pour 100* des 3 milliards 165 millions de francs qu'il nous faut.

Nous sommes encore loin de compte.

Impôts et revenus indirects.

Ce sont les impôts et revenus indirects qui vont sauver la situation.

Les contributions indirectes sont anonymes et pèsent indistinctement sur tous ceux qui achètent, consomment ou font circuler les objets qui y sont soumis.

Or, bien peu d'objets échappent aux contributions indirectes.

Aussi n'en finirions-nous pas, si nous voulions seulement énumérer ces contributions une à une.

La loi de finances les classe sous cinq titres :

Produits de l'enregistrement. — Toute personne qui, pour une succession, un achat, une vente, un bail, passe un acte devant notaire, doit le faire inscrire sur un registre public, et payer, pour cette inscription, un droit fixe et un droit proportionnel. Les transmissions entre vifs, mutations par décès, baux, adjudications et marchés, hypothèques, actes judiciaires de toute sorte, rapportent à l'État 509 millions.

Produits du timbre. — Les conventions entre particuliers *sous seing privé* peuvent également être enregistrées, et, de plus, doivent être faites alors sur *papier timbré.* La loi exige, d'ailleurs, un timbre, de valeur graduée ou fixe, sur les effets de commerce, quittances pour toute somme au-dessus de 10 francs, assurances, etc. Le timbre rapporte encore à l'État 168 millions.

Taxe sur le revenu des valeurs mobilières. — Les valeurs mobilières payent une taxe de 4 pour 100, dont le produit atteint près de 66 millions.

Produits des douanes. — Les droits de douane, fixés par un *tarif général* ou par des *traités de commerce* avec les nations étrangères, frappent à la frontière les marchandises qui entrent en France. Leur produit atteint plus de 385 millions.

Produits de contributions diverses. — Nous trouvons sous ce titre les *boissons*, dont les droits divers s'élèvent à près de 256 millions rien que pour les alcools, à plus de 156 millions pour les vins, cidres, poirés et hydromels, et à plus de 22 millions pour les bières; les sucres, dont le rendement fiscal dépasse 175 millions; les sels, vinaigres, huiles; les transports par chemins de fer, plus de 100 millions; par autres, voitures, plus de 5 millions. En tout, près de 795 millions.

Si nous additionnons ces cinq totaux, nous trouvons, pour le *produit total des impôts et revenus indirects, près de 1 milliard 923 millions,* c'est à dire 60 *pour 100* des 3 milliards 165 millions que nous cherchons. Il ne nous en manque plus, par conséquent, qu'environ 25 pour 100.

Produits de monopoles de l'État.

L'État a le monopole de la vente des *allumettes chimiques,* des *tabacs,* des *poudres à feu,* des communications par *postes et télégraphes*; il fabrique les *monnaies et médailles;* il exploite les *chemins de fer* dits *de l'État,* l'*imprimerie* dite *nationale,* les *journaux* dits *officiels.*

La vente des tabacs figure au budget des recettes pour plus de 372 millions; celle des allumettes chimiques pour 26 millions et demi; celle des poudres à feu pour près de 11 millions; les postes et télégraphes pour plus de 194 millions; mais tous ces chiffres représentent des produits bruts, le dernier ayant pour contre-partie plus de 136 millions et demi à la dépense, ce qui porte, en réalité, le produit net des postes et télégraphes à environ 58 millions, et les autres ayant également pour contre-partie des sommes plus ou moins fortes dans la section du budget des dépenses du ministère des finances intitulée « frais de régie, de perception et d'exploitation des impôts ou revenus publics », en sorte qu'il n'y a guère, parmi eux, que les tabacs dont le bénéfice soit vraiment considérable.

Prenons le compte tel qu'on nous le donne : les *produits des monopoles et exploitations industrielles de l'État* font alors entrer dans le budget des recettes *plus de 615 millions*, soit *près de 20 pour 100* du budget des dépenses et nous n'avons plus à chercher que les 5 pour 100 qui nous manquent encore.

Produits et revenus du domaine de l'État.

Le quart environ, soit près de 44 millions, nous en est fourni par les forêts et par les établissements que l'État régit ou afferme.

Produits divers du budget.

Les produits divers du budget, ressources exceptionnelles et recettes d'ordre, en tout 114 à 115 millions, nous donnent le reste, et même davantage.

Réoapitulation.

Car, en additionnant les cinq totaux généraux précédents, nous trouvons, pour faire face aux *3 milliards cent soixante-cinq millions* de dépenses publiques un peu *plus de 3 milliards 166 millions* d'impôts et revenus publics.

CHAPITRE III

Finances.

Il ne suffit pas de savoir quelles sont les dépenses que la communauté française ne peut pas ne pas consentir si elle veut que ses institutions continuent à fonctionner et quelles charges elle accepte pour faire face à ces dépenses : il faut encore se rendre compte de la manière dont l'impôt est établi, perçu et employé.

Autrement dit, il faut connaître les deux mécanismes de la *loi de finances* et du *ministère des finances.*

Loi de finances.

La *loi de finances* est la loi que préparent chaque année les *ministres,* sous la direction de l'un d'entre eux, le *ministre des finances,* afin d'établir le compte approximatif des recettes et des dépenses publiques, autrement dit le *budget de l'État* pour l'année suivante, et qui doit être votée par les *Chambres* au plus tard dans les derniers jours de décembre, *l'exercice,* c'est-à-dire la *perception* et l'*emploi* des impôts, ou, par extension, l'année courante, l'année dont le compte est ouvert, commençant légalement le 1er janvier.

Préparation. — Le ministre des finances évalue les recettes probables en se basant sur celles qui ont été réalisées dans le cours du dernier exercice dont les résultats sont connus ; il déduit du total les frais de perception et d'exploitation des impôts et revenus publics, ainsi que les sommes nécessaires aux différents services de la dette; il examine enfin les budgets particuliers qu'ont préparés ses collègues pour les dépenses de leurs ministères respectifs et les discute avec eux.

L'accord obtenu, l'équilibre établi, avec ou sans charges nouvelles pour les contribuables, selon les nécessités du moment, le ministre des finances rédige le projet de budget et le dépose sur le bureau de la Chambre des députés. Le dépôt a lieu, généralement, au mois de février ou de mars.

Comme une partie des ressources publiques, la contribution sur la propriété non bâtie, la contribution personnelle mobilière et la contribution des portes et fenêtres, contributions directes, doivent être l'objet d'un répartement entre les arrondissements par les conseils généraux et que la session de ces assemblées s'ouvre au commencement de la seconde quinzaine d'août, s'il devient évident que le budget ne sera pas voté avant le 15 août, le gouvernement distrait de son ensemble les articles qui concernent les contributions directes et en demande aux Chambres la discussion immédiate. Il est rare, en effet, que ces articles soient contestés, car on n'y met généralement que des dispositions en vigueur depuis longtemps, et leur vote laisse aux Chambres toute liberté d'action pour discuter le reste à loisir.

Discussion. — Dès que le projet de loi lui a été soumis, la Chambre nomme, pour l'étudier, une commission, qui prend le nom de *commission du budget.*

La commission du budget examine un à un les articles et les adopte ou les modifie après avoir entendu le ministre des finances ou celui de ses collègues plus spécialement intéressé dans la question; elle fait de même pour les *amendements* que peuvent lui présenter individuellement tous les députés; et quand elle s'est mise ou a renoncé à se mettre d'accord avec le gouvernement sur tous les points, elle nomme un rapporteur spécial pour chacun des budgets particuliers des dépenses et un rapporteur général pour l'ensemble de la loi. Chacun de ces rapporteurs rédige un rapport dont les conclusions sont soumises à la commission, et le dépose, après que celle-ci l'a adopté, sur le bureau de la Chambre.

Le dépôt du rapport général a rarement lieu avant le mois de juillet.

La discussion en séance publique vient ensuite, et, comme elle ne porte guère que sur les points où l'accord n'a pas pu se faire entre la commission d'une part et le gouvernement ou les auteurs d'amendements de l'autre, il est rare qu'elle dure plus d'un mois.

Dès que la loi a été votée par la Chambre, le gouvernement la porte au Sénat, qui la discute à son tour, en *commission des finances* d'abord, puis en séance publique.

Quand le Sénat a modifié la rédaction de l'autre assemblée, la loi revient devant la Chambre, et elle fait ainsi la navette entre le Palais Bourbon et le Palais du Luxembourg, jusqu'à ce que l'une des deux fractions du parlement cède à l'autre. En matière de loi de finances, il est d'usage que le Sénat ne s'entête pas et qu'il laisse le dernier mot à la Chambre, qui, constitutionnellement, a déjà l'initiative.

L'adoption définitive doit avoir lieu au plus tard, comme nous l'avons dit plus haut, dans les derniers jours du mois de décembre ; quand il devient évident que cette date sera dépassée, ce qui n'arrive généralement qu'en temps de guerre ou de crise intérieure, on a recours, car les services publics ne peuvent pas être suspendus, à ce qu'on appelle les *douzièmes provisoires :* le parlement autorise le gouvernement à percevoir les impôts et à payer les dépenses pendant un ou plusieurs mois, en attendant que le budget ait été régulièrement voté.

Application. — Quand la loi a été votée par les deux Chambres, elle est promulguée par le Président de la République dans les formes ordinaires, et elle entre, à partir du 1er janvier, dans la période d'application. Le ministre des finances fait percevoir les impôts par les divers fonctionnaires dont nous parlerons plus loin et répartit chaque mois entre les divers ministères les crédits à employer.

Contrôle. — L'application du budget est contrôlée au point de vue administratif par la *direction de la comptabilité publique* et les *inspecteurs des finances,* qui s'assurent que les règlements ont été observés; au point de vue judiciaire, ou de l'observation des lois, par la *Cour des comptes;* au point de vue parlementaire, ou de la conformité aux volontés du parlement, par les *Chambres* elles-mêmes quand elles discutent et votent, quelques années après, la loi qui règle définitivement le budget.

Ministère des Finances.

Nous n'avons, pour exposer le mécanisme du ministère des finances, que peu de chose à ajouter aux explications qui précèdent.

Du ministre des finances, dont on connaît maintenant

les attributions, dépendent, outre la *direction de la comptabilité générale*, les cinq *directions : des contributions directes ; de l'enregistrement, des domaines et du timbre ; des douanes et sels ; des contributions indirectes ; des manufactures de l'État.*

A lui se rattachent la *Cour des comptes*, qui juge les comptes des recettes et des dépenses publiques, et la *Caisse des dépôts et consignations*, qui reçoit, en outre des consignations judiciaires, des titres et valeurs mobilières, des dépôts volontaires des particuliers ou des établissements privés ou publics, les fonds des caisses d'épargne, de la caisse d'épargne postale, de la caisse de retraite pour la vieillesse, etc., qu'elle gère et administre.

Voici quels sont, en dehors de l'administration centrale, les comptables du Trésor public :

D'abord, les *trésoriers-payeurs généraux*, qui réunissent les fonctions de receveur général et de percepteur dans chaque département, et qui sont nommés par le Président de la République.

Ainsi que les *receveurs particuliers des finances* et les *percepteurs de villes*, les premiers au nombre de trois ou quatre, les seconds, de quatre à six par département.

Puis, en général un par département, les *directeurs* et *inspecteurs* : des contributions directes; de l'enregistrement, des domaines et du timbre, auxquels se rattachent les *conservateurs des hypothèques* ; des douanes, avec des *receveurs principaux*, etc. ; des contributions indirectes, avec des receveurs principaux et des receveurs-entreposeurs.

Nous avons vu que les dépenses du ministère des finances, envisagé en tant que ministère comme les autres, c'est-à-dire entrant dans la troisième partie du budget général des dépenses, *services généraux des ministères,* atteignaient à peine 70 millions. On n'y comprend, en effet, que l'administration centrale, les services de trésorerie et la Cour des comptes. La *dette publique* et les *pouvoirs publics,* quoique payés par ce ministère, figurent à juste titre en dehors de son budget particulier, dans le budget général, dont ils forment la première et la deuxième partie ; et il en est de même des *frais de régie, de perception et d'exploitation des impôts et revenus publics,* qui sortent entièrement de ses caisses, ainsi que des *remboursements, restitutions, non-valeurs et primes,* dont la presque totalité lui incombe : ils en forment la quatrième et la cinquième et dernière partie.

TABLE DES MATIÈRES

LIVRE PREMIER

ORGANISATION POLITIQUE

CHAP. I. **La forme du gouvernement** 5

— II. **Le pouvoir législatif** 7

Dispositions communes aux deux Chambres . . 7
Sénat 9
Chambre des députés 12
Assemblée nationale ou Congrès 15
Assemblée éventuelle 16

— III. **Le pouvoir exécutif** 18

Président de la République 18
Ministres 21
Sous-Secrétaires d'Etat 22

LIVRE II

ORGANISATION ADMINISTRATIVE

CHAP. I. **Intérieur** 23

Administration 23
Le département 24
L'arrondissement 27
La commune 28
Police 29
Sécurité publique 31
Assistance publique 31
Hygiène publique 32

CHAP. II. **Agriculture** 33
Agriculture proprement dite. 34
Services spéciaux 35

— III. **Commerce et industrie** 37
Commerce et industrie 38
Postes et télégraphes 40

— IV. **Travaux publics** 41
Voies de communication et moyens de transport. 41
Mines. 43

— V. **Instruction publique et beaux-arts** . . . 45
Instruction publique 45
Enseignement supérieur 46
Enseignement secondaire. 48
Enseignement primaire 48
Beaux-Arts 49
Enseignement. 50
Conservation. 50
Encouragements. 51

— VI. **Justice et Cultes** 52
Justice 52
Cultes 55

— VII. **Colonies** 58
Algérie 59
Colonies et protectorats. 60

— VIII. **Affaires étrangères** 63
Affaires commerciales et consulaires. 64
Affaires politiques 64

— IX. **Marine** 66
Personnel 67
Matériel. 70
Invalides de la marine 70

— X. **Guerre** 71

LIVRE III

ORGANISATION FINANCIÈRE

CHAP. I. **Dépenses publiques** 77
Pouvoirs publics. 78
Services généraux des ministères 78
Dette publique. 79
Service général des finances 80
Récapitulation. 80

— II. **Recettes publiques** 81
Impôts directs. 81
Impôts et revenus indirects 84
Monopoles de l'Etat 86
Domaines de l'Etat. 87
Produits divers. 87
Récapitulation 87

— III. **Finances** 88
Loi de finances 88
Ministère des finances. 91

Paris. — L.-Imp. réunies, 7, r. Saint-Benoît.

BIBLIOTHÈQUE PARLEMENTAIRE

DIRIGÉE

Par M. EUGÈNE PIERRE

Secrétaire général de la Présidence de la Chambre des Députés.

PRINCIPAUX OUVRAGES PARUS

TRAITÉ PRATIQUE DE DROIT PARLEMENTAIRE, par Jules Poudra et Eugène Pierre. 1 vol., 4e édition. . **12 fr.**

SUPPLÉMENT AU TRAITÉ PRATIQUE DE DROIT PARLEMENTAIRE, par Jules Poudra et Eugène Pierre (1879-1880). 1 vol. . . . . **10 fr.**

ORGANISATION DES POUVOIRS PUBLICS. Recueil des lois constitutionnelles et électorales de la République française, coordonnées et commentées par Eugène Pierre. 1 vol. . **4 fr.**

LOIS CONSTITUTIONNELLES DE LA RÉPUBLIQUE FRANÇAISE, annotées et mises au courant de la réforme de 1884, par Poudra et Pierre. 1 vol. . . . . **1 fr. 50**

LOIS ORGANIQUES CONCERNANT L'ÉLECTION DU SÉNAT, mises au courant de la législation de 1884 et annotées par Poudra et Pierre. 1 vol. . . . . **1 fr. 50**

MANUEL POPULAIRE DU CONSEILLER MUNICIPAL, texte et commentaire pratique de la loi du 5 avril 1884, par Ferdinand Dreyfus, député, l'un des rapporteurs de la loi. 1 vol. **1 fr. 25**

ISTOIRE DES ASSEMBLÉES POLITIQUES EN FRANCE, par Eugène Pierre. 1er vol. (1789-1831). . . . . . . **7 fr. 50**

MÉCANISME DU BUDGET DE L'ÉTAT, par Gaston Bergeret, Secrétaire-rédacteur de la Chambre des Députés. . . . . **3 fr.**

LES RESSOURCES FISCALES DE LA FRANCE, par Gaston Bergeret, Secrétaire-rédacteur de la Chambre des Députés. **4 fr.**

L'IMPOT DES PATENTES, loi du 15 juillet 1880, publiée avec une introduction et des notes, par Gaston Bergeret, Secrétaire-rédacteur de la Chambre des Députés. . . . . . **3 fr.**

LE SERVICE D'ÉTAT-MAJOR, texte et commentaire de la loi du 20 mars 1881. . . . . **1 fr.**

L'INDEMNITÉ LÉGISLATIVE, par E. Laurent. . . . . **1 fr.**

DE LA PROCÉDURE PARLEMENTAIRE. — Étude sur le mécanisme intérieur du pouvoir législatif, par Eugène Pierre, Secrétaire général de la Présidence de la Chambre des Députés. 1 vol. in-18. . . . . **1 fr. 50**

DU POUVOIR LÉGISLATIF EN CAS DE GUERRE, par Eugène Pierre. **0 fr. 50**

DE L'ORGANISATION INTÉRIEURE EN CAS DE GUERRE, par Eugène Pierre. . . . . **0 fr. 50**

OUVRAGES EN PRÉPARATION

HISTOIRE DE LA CONSTITUTION ANGLAISE, *son mécanisme et son fonctionnement*, par lord Brougham. Traduction de M. Boucher et préface de M. Maurel-Dupeyré.

ORGANISATION ÉLECTORALE ET REPRÉSENTATIVE DE TOUS LES PAYS CIVILISÉS, par J. Charbonnier.

www.ingramcontent.com/pod-product-compliance
Lightning Source LLC
LaVergne TN
LVHW020354230826
846091LV00003B/1099